Illustration of the Gandhara Civilization

孙英刚 何平 著

图说犍陀罗文明

生活·讀書·新知 三联书店

Copyright © 2019 by SDX Joint Publishing Company.
All Rights Reserved.

本作品版权由生活·读书·新知三联书店所有。
未经许可，不得翻印。

图书在版编目（CIP）数据

图说犍陀罗文明 / 孙英刚，何平著 . —北京：生活·读书·新知三联书店，
2019.5 （2024.6 重印）
ISBN 978 – 7 – 108 – 06560 – 5

Ⅰ.①图⋯　Ⅱ.①孙⋯ ②何⋯　Ⅲ.①文化史－犍陀罗－通俗读物
Ⅳ.① K350.03-49

中国版本图书馆 CIP 数据核字（2019）第 057532 号

责任编辑	张　龙
装帧设计	周伟伟
责任印制	卢　岳
出版发行	生活·讀書·新知 三联书店
	（北京市东城区美术馆东街 22 号 100010）
网　址	www.sdxjpc.com
经　销	新华书店
印　刷	天津裕同印刷有限公司
版　次	2019 年 5 月北京第 1 版
	2024 年 6 月北京第 3 次印刷
开　本	720 毫米 × 1020 毫米　1/16　印张 21
字　数	272 千字
印　数	13,001－16,000 册
定　价	98.00 元

（印装查询：01064002715；邮购查询：01084010542）

目录

001　绪　论　佛教是从印度传来的吗？——作为佛教飞翔之地的犍陀罗

035　第一章　希腊化时代和犍陀罗文明中的希腊元素

071　第二章　贵霜帝国的王朝艺术

115　第三章　佛本生故事和佛传故事在犍陀罗的再造

245　第四章　佛像与菩萨像的兴起

309　附　录　大犍陀罗地区大事年表

319　　　　　参考文献

绪论

佛教是从印度传来的吗？
——作为佛教飞翔之地的犍陀罗

佛教在亚洲的兴起与传播，是人类历史上的大事，再怎么强调都不过分。这一历史脉络也是理解东亚文明根基的一个切入点，任何绕开它来研究东亚文明的尝试都是不全面的。如果考虑到佛教在公元前5—前4世纪已经作为印度教的一种"异端教派"开始传播，令人奇怪的是，在释迦牟尼涅槃后的五六百年中，它没有传入中国——尽管我们有一些阿育王派遣僧团到中国分舍利建塔之类的传说，但这些都是后来中国文献的附会。可以说，佛教产生后的传播是非常缓慢的，但是为什么突然在公元2世纪，也就是佛教诞生五六百年后，在中国迅速发展并繁荣起来？这其中关键的因素，就是犍陀罗。

作为佛教史的学者，也许跟很多相关的学者一样，如果从历史学的角度来看佛教的发展脉络，将其视为一种历史文化现象和人类文明遗产，笔者常常有一些非常强烈的感觉——这些感觉很可能不是错觉，而是基于历史常识的判断。其中一个感觉是，佛教传播到中国的历史，肯定不是简单的线性发展史。很多复杂而重要的历史支脉（甚至是主干），因为各种原因，在历史记忆的长河中被抹去了，留给我们的是一些支离破碎的信息，以及出于各种目的讲述的、整整齐齐的故事。

笔者撰写此书的目的，或许是想进行一次恢复历史支脉（甚至主干）的尝试，来解释佛教作为一种世界性宗教的属性来源。佛教是人类各种文明共同作用的产物，在犍陀罗地区经过各种文明融合与再造之后，从一种地方性的信仰一举跃升为一种世界宗教。从这个角度来说，犍陀罗不愧是佛教的飞翔之地。

一 作为文明十字路口的犍陀罗

犍陀罗的地理位置非常特殊，正好处在亚欧大陆的心脏地带。在繁荣的时期，这片核心面积只有20多万平方公里的地方，却成为了丝绸之路的贸易中心和佛教世界的信仰中心。其西边是兴都库什山，东北是喀喇昆仑山。东边到印度河，南边是以白沙瓦为中心的平原，杰赫勒姆（Jhelum）河流过这里，形成了富饶的平原，造就了繁荣的农业区。贵霜帝国的首都，长期就置于白沙瓦平原上，以"布路沙布逻"或者"弗楼沙"等名字频繁见诸汉文史籍。穿越北部的山脉，就进入了古代的乌仗那地区，以斯瓦特谷地为中心。斯瓦特的犍陀罗浮雕古朴浑厚，很有地方色彩。在中国历史上扮演重要角色的高僧那连提黎耶舍就是来自这个地区。而穿过西边的兴都库什山，就是古代的那揭国，也就是今天的贾拉拉巴德地区。位于该地区的醯罗城（Hidda）和那揭罗曷城（Nagarahara）是中土巡礼求法僧人礼拜的重点，从那揭往西北行，在兴都库什山中，就会到达巴米扬（Bamiyan），也就是玄奘笔下的"梵衍那国"。

翻越兴都库什山，就进入了古代的巴克特里亚地区。这个地方在汉文史料中以"大夏"闻名，希腊文化在这里繁荣了数百年之久，它也是犍陀罗文明的重要组成部分。这些地区组成的大犍陀罗地区，由于得天独厚的条件，在数百年间，成了人类文明的中心。对中国来说，影响最大的还不是贯穿此处的丝绸贸易，而是在犍陀罗受到系统佛教训练的僧侣们，怀揣着菩萨的理想和执着，穿越流沙，将佛教传入中土。

在犍陀罗故地，遍布着数量众多的人类文明遗迹。除了作为文明中心的布路沙布逻和位于印度河以东的塔克西拉，还有北边的斯瓦特、位于贝格拉姆（Begram）地区的迦毕试故地、保存众多佛陀圣物的那揭和哈达、汉文文献中提到的乌仗那国（布特卡拉遗址所在地）、马尔丹县的塔赫特巴希寺院遗址等等，可谓星光璀璨。今天阿富汗的首都喀布尔以及巴基斯坦的白沙瓦地区，都在犍陀罗的文化和地理范围之内。距离喀布尔很近的艾娜克，以铜矿开采著称，贵霜时期，这里成为一个重要的经济中心和佛教信仰中心，日后曾出土了大

图0-1

图0-2

图0-1　古代犍陀罗地区示意图

图0-2　斯瓦特河谷

图0-3　白沙瓦博物馆内部

图0-3

图0-4 a

图0-4 b

图0-4 c

图0-4 d

图0-5 a

图0-5 b

图0-4 a~d　喀布尔街头

图0-5 a,b　静静流经塔克西拉的哈罗河

量精美的佛教艺术品。

仅仅在塔克西拉地区的发现，就足以令人震惊。马歇尔爵士（Sir John Hubert Marshall，1876—1958年）凭着自己对希腊克里特岛挖掘的经验，为犍陀罗地区的发掘，尤其是塔克西拉（汉文文献中的"呾叉始罗"）倾注了毕生的心血。分属三个时期的古城，包括皮尔丘（Bhir Mound）、锡尔卡普（Sirkap）和锡尔苏克（Sirsukh），都出土了大量改变历史图景的遗迹和文物。锡尔卡普的双头鹰庙，是一座佛教窣堵波；法王塔（Dharmarajika）和焦里安（Jaulian）遗址、莫赫拉莫拉都（Mohra Moradu）寺院遗址等，见证了佛教在这里的繁荣景象。数量众多的装饰盘和多达四十多位的希腊君主的钱币，见证了希腊文化在这里跟佛教信仰及本土文化的融合。公元5世纪初，法显在这里留学六年之久；他的后来者玄奘大师也在此停留两年，可见这里在佛教世界中的地位。

犍陀罗在中文和西方文献中都留下了痕迹。中国西行巡礼求法的僧人们描述了犍陀罗的佛教圣迹和圣物，汉文译经很多来自犍陀罗地区，留下了诸如贵霜君主迦腻色迦（Kanishka I）供养僧团、推动佛教发展的记录。而古希腊罗马的史学家和旅行者，留下了自己的所见所闻。早在公元前5世纪，西方已经听闻犍陀罗之名。甚至在亚历山大东征之前，希腊商人和移民已经到达了巴克特里亚地区。中国史籍中现存最早的有关犍陀罗的记载出现在西汉时期，在《三辅黄图》中记载，汉武帝曾赏赐给董偃千涂国上贡的玉晶。这个"千涂国"就是犍陀罗。魏晋南北朝时期汉文史料中出现的"罽宾"，比如《汉书·西域传》所指的罽宾，并不是今天的克什米尔，而是指的犍陀罗地区。在魏晋南北朝时期，犍陀罗是佛教的中心，这里"多出圣达，屡值明师，博贯群经，特深禅法"，而且保存着数量众多的佛陀圣物，还有最高的佛教建筑雀离浮图。在印度本土，佛教反而衰落了。所以造成很多西行巡礼僧人，在犍陀罗巡礼圣物和学习之后，并不渡过印度河继续前行，而是打道回府[1]。

在犍陀罗地区，佛跟商业和都市的结合，让佛教从开始就跟富裕阶层结成紧密的联盟。物质的丰富给佛教的繁荣提供了基础。在苦行之外，供养和布施成为追求解脱的新法门。犍陀罗佛教文本如同图像一样，充满着对繁荣景象的描述：富丽堂皇的都市建筑、衣着华丽的仕女、喧嚣的街市等等。但是当被翻译为汉语时，这些部分很多被裁掉。如果对比马鸣的原始文本和汉文译经，能够清晰地看出这一点。犍陀罗曾经繁荣数百年的文明，在佛教传入中国后不久，就尽数化为泥尘，不复繁华。减掉这部分内容的描述，恐怕是担心混淆了译经的重点吧。可是，这些在当时的犍陀罗，正是重点啊。

---

1 桑山正进《巴米扬大佛与中印交通路线的变迁》，《敦煌学辑刊》1991年第1期，第83—93页。

图0-6

图0-7

图0-6 白沙瓦街头

图0-7 骑车的少年，喀布尔街头

图0-8 拉合尔博物馆

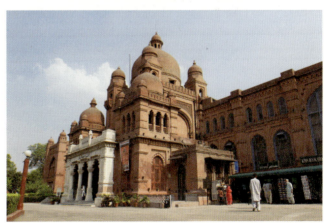

图0-8

图0-9 佛陀立像,塔克西拉博物馆

图0-10

图0-11

图0-10 故阿富汗总统府

图0-11 故总统府前踢球的少年

图0-12 "文化存则国存",
阿富汗国家博物馆

图0-12

二 "退化"的佛教史

要研究中国佛教史，必须了解佛教传入中国之前的历史。中国佛教史只能放在更大的历史脉络里，才能看得更清楚，所以肯定不能从白马寺的那几匹马说起。西方的佛教研究，在最初的阶段，他们设想了一个"纯粹的""原本的"佛教。在这种理念里，那个释迦牟尼最初创造的洁白无瑕的佛教，在传播中，跟不同地方的文化因素乃至"迷信"相结合，呈现新的面貌。所以在他们眼里，佛教史是一部"退化"的历史——但是很少有学者这样描述从耶路撒冷传到欧洲的基督教。所以最初的中国佛教史的研究，重点是西行求法和汉译佛典，他们希望从中找到那个"原本"佛教的信息。直到一大批优秀的汉学家出现，才开始强调在中国文明的框架内研究中国佛教。

其实，真的存在一个一成不变的佛教吗？完全不存在。佛教是一个变化的思想和信仰体系——这正是它的活力所在。就算释迦牟尼也反复强调，"无常"是普遍的规律，事物是无常的，诸法也是无常的。即便从佛教的立场看，佛教要保持活力，也应是一个常新的思想体系，秉持诸法无常的根本精神。从历史学的角度看，将佛教史描述为一种线性的乃至退化的历史，是一种幼稚的对历史的误解。

贵霜帝国在公元2世纪成为中亚的庞大帝国。它的出现消除了因为政权林立导致的交流障碍，为不同文明传统之间的互动提供了更好的环境。贵霜君主，如丘就却（Kujula Kadphises）和迦腻色迦等对佛教的大力提倡，使佛教在中亚和西北印度获得一次飞跃和更新，并传入中国。佛教的昌盛，也推动了犍陀罗艺术的繁荣。随着佛教传教和商业贸易的频繁，大量贵霜人进入中土，居住在洛阳等中国文明的核心地区。史料记载，在洛阳居住的至少数百名贵霜居民大多应是佛门弟子。

贵霜开启了佛教的一个重要时期：佛教发生了可谓根本性变化，

大乘佛教开始兴起，佛像出现，阿弥陀信仰、净土观念、弥勒信仰等诸多以前佛教并不具备的元素开始出现，并为以后佛教传入中国奠定了基础。贵霜在佛教传入中国的过程中扮演了无可取代的角色。它在当时既是丝绸之路的枢纽，又是世界佛教中心。同时，希腊文明的特征被深深融入佛教，使佛教发生了根本性的变化，这种变化不但包括艺术风格的变化，比如佛像在这一时期产生了，同时也包括教义的变化，比如佛陀的形象从一个人间的导师变成无所不能的神圣领域的统治者。

　　如果把犍陀罗和贵霜的历史加进去，可能佛教史、中国史乃至丝绸之路的历史，都要变得更加丰富多彩。丝绸之路首先是一条信仰和思想之路，同时也是物质和商贸之路，也是各大国纵横捭阖的征服和对抗之路。如果仅仅依靠我们已知的信息描述这条路，我们知道它肯定不完整。比如我们读韩森的《丝绸之路新史》[1]，我们根本找不到佛教、贵霜、犍陀罗的影子，我们读到最多的是粟特——这得益于近年来一些天才史学家对粟特历史倾注的精力和热情，恢复了我们之前忽略的历史信息。

---

1 芮乐伟·韩森著，张湛译《丝绸之路新史》，北京：北京联合出版公司，2015年。英文版2012年由牛津大学出版社出版。

三　佛经与佛像的出现

称犍陀罗是佛教的飞翔之地一点都不夸张。中国汉魏时期接受的佛教，最大的比重可能就来自犍陀罗。佛教在犍陀罗获得了革命性的发展和再造，这些内容包括我们熟知的，比如佛像的出现、菩萨理念兴起、救世主理念加入、书写的佛经文本成型、佛传和佛本生故事的增加和再造等。犍陀罗形成的佛教，是一个更世界主义的思想和信仰系统，包括它的政治意识形态，更接近一种帝国意识形态[1]。

犍陀罗文明的影响，并不局限于犍陀罗地区。其影响的范围，甚至越过葱岭进入塔里木盆地。一般而言，犍陀罗文明输出留下的痕迹，主要有两个：第一是犍陀罗的佛教艺术风格，第二是佉卢文撰写的佛教和世俗文书。真实的历史很可能是：人类历史上真正意义的第一尊佛像，是在犍陀罗被"发明"出来的；同时，第一部真正意义上的"纸本"佛经，也是在犍陀罗制作出来的。

释迦牟尼于公元前5世纪涅槃。佛陀的教义基本上是口耳相传，并没有书面的文本存在。犍陀罗地区是世界上最早出现和使用文本佛经的地区。佛经书写和犍陀罗语之间存在密切的关系：贵霜帝国鼓励佛教写经和文本文学，使大量口耳相传的佛教经典书面化。这推动了犍陀罗语的发展和繁荣。犍陀罗语也成为佛教早期经典的重要书写语言。甚至可以说，佛经的原典语言是犍陀罗语，而不是梵语。比如"昙无德""菩萨""毗耶罗""沙门"和"浮屠"等早期汉文翻译的佛教术语，显然来自犍陀罗语。新近发现的犍陀罗语佛教文本和铭

---

[1] 其实笔者一直没有想到如何总结或者框架佛教有关转轮王和弥勒一类带有强烈政治属性的理念和信仰，2017年6月在武汉大学进行珞珈中国史讲座后，鲁西奇教授称，这是一套帝国意识形态。笔者非常认同这样的总结。这确实是一套带有帝国意识形态的思想和信仰系统，而非封闭的、小国寡民式的统治理论。

文以及有关佛典起源和语言传承的研究，都显示早期中国佛教所接受的佛教文本，原本主要是犍陀罗语。

从公元150年左右，中国就开始翻译佛经，可以说，中国的佛经，最早就是从犍陀罗语翻译过来的。贵霜在其中扮演了主导性的角色。犍陀罗语或者说佉卢文书的俗语，如同欧洲中世纪的拉丁语一样，在宗教传播中担当语言中介的角色。在梵语雅语和婆罗迷文取代犍陀罗语之前，它都是佛教传播的重要媒介。最近辛嶋静志教授对犍陀罗语与大乘佛教的研究显示，现在大多数学者以为的梵文佛经，实际上是几百年以来不断梵语化，不断进行错误的逆构词、添加、插入的结果[1]。这些最早写于11世纪至17世纪的梵语写本并不是原典，而汉译佛典（大多是2世纪到6世纪，与魏晋南北朝时段几乎重合）才是最接近原典的文献，是研究者应高度重视的研究资料，这些材料给将来留下了巨大的研究空间。

佛教在犍陀罗的发展，其中一个重要的表现，就是佛陀的形象从一个人间的导师，转变为无所不能、至高无上的神灵。佛的形象第一次具体化之后，就被赋予了神圣的属性。文献和艺术品中的佛陀，从根本性质上说，有双重的属性。一方面，他是神圣的，是佛教世界的最高精神导师和裁决者，具有难以想象的神通、智慧和法力；另一方面，他是"真实存在"的一个人物——根据一个传统说法，佛陀释迦牟尼在约公元前566至前486年间生活在北部印度中部地区。不论历史解读为何，他存在于特定的历史时空，他的重要性和神圣性，也必须在特定的历史脉络里才能获得解释和阐发。这两种属性合而为一，在字里行间、雕塑壁画中共同塑造了受众能够理解和接受的释迦牟尼。

其实佛教从理念上是无神论，释迦牟尼被视为神是很奇怪的做

---

[1] 相关研究参看辛嶋静志《佛典语言及传承》，上海：中西书局，2016年。这是他第一本有关佛典语言研究的论文合集。同时，他的很多原创论文，都在其创价大学的网站上可以公开下载。

法，在贵霜君主铸造钱币时，我很怀疑他们也进行过理论上的争执，到底要不要把释迦牟尼刻在钱币上。

早期佛教反对制造佛像，尽管有文献记载优填王为佛陀制造瑞像的佛传故事，但是在早期佛教思想里，认为任何姿容和样式的形象，都不足以描述超越轮回获得最终解脱的佛陀。《增一阿含经》说，"如来是身不可造作"，"不可摸则，不可言长言短"。而且印度也没有为圣人或者伟人塑像的传统。佛像的产生，可能受到多种文明因素的影响，这里面首先是希腊文明，也包括伊朗、草原等不同文明元素。极端的如桑山正进教授将佛像的出现与贵霜民族的民族性结合起来，认为佛陀偶像的产生与印度文化传统毫不相干[1]。

尽管有犍陀罗和马土拉的争议，但是至少可以说，在犍陀罗地区形成的佛像，为中亚和东亚所接受，并结合本地文化元素和审美，发展出了现在普遍认知的佛像。这是一个文明的奇迹，是多种文化传统共同作用的结果。带有浓厚希腊、罗马风格的犍陀罗佛像，被称为"希腊化的佛像"（Hellenistic Buddha）或干脆被称为"阿波罗式佛像"——一般认为，佛陀的背光形象来自阿波罗。犍陀罗佛像的

---

[1] 福歇1913年发表《佛像的希腊式起源》，认为佛像是希腊文化和印度文化融合的产物；1936年以后，本杰明·罗兰德等提倡罗马式佛教美术说；长期在塔克西拉挖掘的马歇尔在1960年出版的《犍陀罗的佛教美术》中系统阐述了自己的观点，强调犍陀罗承袭古希腊文化传统；高田修1963年出版的《佛像的起源》经过细致的梳理，认为最古老的佛像，出自迦腻色迦时期，或者说，佛教美术兴盛于贵霜王朝时期。与上述观点针锋相对的，是库玛拉斯瓦米（A. K. Coomaraswamy）、德立芙（Van-Lohuizen-Deleeuw）等印度美术史学者，他们强调马土拉的重要性。田边胜美1988年撰文认为佛像产生跟伊朗君主像有关。宫治昭认为两地相去不远，都在贵霜统治之下，但是犍陀罗出土的佛教雕刻作品，达到了惊人的数量，比人称佛教圣地的中印度要多得多。参看宫治昭著，李萍译《犍陀罗美术寻踪》，北京：人民美术出版社，2006年。日文版出版于1996年。桑山正进的一系列论述，参看桑山正进《カーピシー・ガンダーラ史研究》，京都：京都大学人文科学研究所，1990年。

图0-13 带有佛陀形象的迦腻色迦金币
正面,铭文意为"众王之王、贵霜王迦腻色迦"。反面为佛陀形象,很显然,佛陀已经被视为神,和迦腻色迦钱币上的其他神祇一样。佛陀不再是人间的导师而是神灵,应该是大乘佛教的重要理念。

图0-14 右手抚胸的佛陀立像,拉合尔博物馆
其姿容手势和出自小亚细亚的希腊基督教的基督非常相似,或许受到了希腊文化的影响。福歇认为,两者是"表亲",都是源自希腊的萨福克瑞斯。

影子和痕迹，在中国早期佛像中依然能够看到，比如后赵建武四年（338）的鎏金铜佛坐像。

在犍陀罗形成的三十二相，成为佛教造像要遵守的基本要求，比如"手过膝相""眉间白毫相"等等。这里面有不同文明的影响，比如白毫，可能来自伊朗文明传统。有些特殊的佛像样式，也能看出文明交流的痕迹。比如迦毕试地区的焰肩佛。这种双肩出火的佛像，可能吸收了王者的形象和符号，用描绘君主的手法来描绘佛陀。这种兴盛于4—5世纪的佛像样式，对中国也有影响。最早传入中国的犍陀罗佛像有不少是带有火焰及背光的迦毕试风格佛像，新疆拜城县克孜尔石窟（第207窟壁画）、吐鲁番拜西哈尔千佛洞（第3窟壁画）和鄯善吐峪沟石窟壁画都能看到焰肩佛像。后来成为东亚重要的佛像样式。这种样式的来历，很可能就有琐罗亚斯德教的影响[1]。

犍陀罗佛教艺术吸纳了大量不同文明的符号、理念和神祇，造就了其世界主义的面貌和特征。佛教雕像中的帝释天、梵天本是印度教的神祇，在佛教里他们却臣服于佛陀；带有民间信仰特征的般阇迦和鬼子母，则混合了印度和希腊的理念与艺术形象；佛陀本生故事里，出现了迦楼罗；那伽或者"龙"作为佛陀的礼赞者或者异教的象征，出现在佛传故事里；希腊风格的装饰、建筑、神祇频频出现在各种佛教艺术中。作为佛陀"保护神"的执金刚神，形象则是来自古希腊的大力士赫拉克勒斯。其他的风神、海神等等，都在犍陀罗留下痕迹，并且以之为载体传入东亚，对人类文明的发展产生了深远的影响。比如龟兹壁画中众多的裸体人像跟希腊人崇尚人体美有间接的关系，北齐大臣徐显秀墓出土的一枚戒指上，清晰地描绘了希腊赫拉克勒斯（执金刚神）的身影。

---

[1] 相关讨论，参看孙英刚《双肩出火的君主》，《文史知识》2017年第6期，第110—115页。

图0-15

图0-16

图0-15 迦毕试式样佛像,集美博物馆

图0-16 特洛伊木马,犍陀罗浮雕,大英博物馆

图0-17 执金刚神,约2世纪,高39厘米,柏林亚洲艺术博物馆
佛陀和长相类似赫拉克勒斯的保镖执金刚神在路上,佛陀在左,身体向前倾斜,做行路状,胡须浓密的执金刚神紧随其后,左手拿金刚杵,右手似乎拿拂尘为佛陀护持。

四 佛本生故事和佛传故事的再造

很多在中土流传的佛本生故事和佛传故事，很可能是犍陀罗的发明，是犍陀罗塑造自己佛教中心运动的一部分。

先说佛本生故事。佛本生故事（《大般涅槃经》称之为"阇陀伽"）记载的是释迦牟尼在过去轮回中修行菩萨道的事迹——释迦牟尼之所以成佛，在于他经历了累世的修行，积累了足够的功德。佛本生故事存在一个不断增加建构的过程。尽管历史上的释迦牟尼很可能从来没有到过犍陀罗，但很多佛本生故事发生的地点被放在犍陀罗——释迦牟尼的前世似乎是将犍陀罗作为重要的修行地点。这些佛本生故事在印度本土并不流传，却是犍陀罗佛教艺术的重要主题。而且故事发生的地点，也明确记载为犍陀罗地区，比如快目王施眼的故事、尸毗王割肉贸鸽的故事、摩诃萨埵那太子舍身饲虎的故事、月光王施头的故事（尤其流传于塔克西拉）、慈力王本生故事、苏摩蛇本生故事等。西行求法的中国高僧法显、玄奘等，对这些佛本生故事发生的"圣迹"多有描述。圣迹和圣物是一个地方成为宗教圣地的重要依据。佛教虽然不发源于犍陀罗，但犍陀罗后来崛起成为新的佛教中心。对于犍陀罗而言，尤其对贵霜帝国的君民而言，"制造"犍陀罗本地的圣迹，就具有了重要的意义。其思想和宗教理念，可能与迦腻色迦一世把佛钵从释迦牟尼故地抢到首都布路沙布逻的逻辑是一样的。

这些故事题材，比如尸毗王割肉贸鸽、摩诃萨埵那太子舍身饲虎，对中国的佛教思想影响都非常深刻，也是东亚佛教艺术的重要主题。尸毗王割肉贸鸽，文献明确记载发生在宿呵多国（斯瓦特地区）；摩诃萨埵那的舍身饲虎故事，在中亚和东亚都非常流行，奇怪的是，在南传佛教中却不见这一主题的任何文字记载和图像。分析汉文文献记载，比如北凉法盛译《菩萨投身（饴）饿虎起塔因缘经》

等,也可以清楚地知道,这是犍陀罗当地的故事,甚至在法盛的时代——法盛到达犍陀罗的时间比法显晚25年,撰有《历国记》——还在犍陀罗地区流传,并且还保存着供人瞻仰礼拜的圣迹[1]。

佛教传入中国,在汉传佛教美术史上,舍身饲虎成为一个非常流行的本生主题。新疆克孜尔石窟中,有众多的舍身饲虎壁画。敦煌莫高窟一共有15幅舍身饲虎壁画,最早的是北魏254窟。日本奈良法隆寺的"玉虫厨子"(飞鸟前期,即7世纪中叶)上,也绘有舍身饲虎的场面。2008年在南京长干寺院地宫出土的鎏金七宝阿育王塔(1011年造)上,也有舍身饲虎的图像。我们可以说,这一题材,实际上是犍陀罗的贡献。

另外一个非常有名的佛本生故事须大拿本生,也发生在犍陀罗。较早的汉文译经是十六国时期圣坚译《须大拿太子经》(《大正藏》第3册)。在此经中,须大拿是叶波国国王湿波之子。叶波国,即犍陀罗。玄奘在《大唐西域记》中不厌其烦地描述了犍陀罗地区有关须大拿本生故事的"圣迹":犍陀罗跋虏沙城城北,有窣堵波(佛塔),是须大拿太子(唐言善牙)以父王大象施婆罗门处;跋虏沙城东门外有窣堵波,是婆罗门求施须大拿太子子女后贩卖的地方;"跋虏沙城东北二十余里至弹多落迦山,岭上有窣堵波",是太子施舍子女给婆罗门的地方。

犍陀罗的佛本生故事,最突出的两个特点,第一是强调施舍的重

---

[1]《大正藏》第3册,第424页中—428页上。译者法盛在经末有一段议论:"尔时,国王闻佛说已,即于是处起立大塔,名为'菩萨投身饿虎塔',今现在。塔东面山下有僧房、讲堂、精舍,常有五千众僧四事供养法盛。尔时,见诸国中有人癞病,及颠(癫)狂、聋盲、手脚躄跛,及种种疾病,悉来就此塔,烧香、然(燃)灯、香泥涂地、修治扫洒,并叩头忏悔,百病皆愈。前来差者便去,后来辄尔,常有百余人。不问贵贱皆尔,终无绝时。"可见在法盛的时代,有关菩萨投身饿虎的圣迹仍在犍陀罗,并且成为当地百姓求医祷告的对象。

要性——大乘佛教认为除了苦修，供养和布施也是修行的法门。这其实给更多的社会阶层比如商人打开了一扇大门，这可能也反映了佛教兴起与丝路贸易的某种关联性；第二是犍陀罗的佛本生故事，似乎都比较惨烈和悲壮，动不动就是施头、施眼、舍身饲虎等等。这或许反映了当时宗教狂热的一些场景，也有可能像有的学者认为的那样，在中亚受到了草原传统的影响。

我们再看佛传故事。

几乎每一个宗教都对描述自己传教先驱的事迹倾注了巨大的心血，正如基督教《圣经》孜孜不倦地描述耶稣的生命历程一样，释迦牟尼的人生经历，他的出生、成道、传法、涅槃，都是佛教神圣历史的一部分，也是理解佛教精神的重要线索。这也能够解释，为什么犍陀罗佛教浮雕中，佛传故事占据了重要的比例。

佛传故事虽然不好重塑——毕竟历史上的释迦牟尼主要活动区域在今天的印度东北部——但是也有一些明显是犍陀罗当地的新发展。比如有名的释迦牟尼降伏斯瓦特河上游经常令河流泛滥的龙王阿波逻罗（Apalāla）。《大智度论》说它发生在"月氏国"，《阿育王传》说得更明确，说它发生在乌苌，也就是斯瓦特。玄奘《大唐西域记》记载得最为详细，可以佐证这一故事其实是犍陀罗当地的故事。犍陀罗浮雕中有多件描绘释迦牟尼带着执金刚神去降伏阿波逻罗龙王的浮雕，跟玄奘的文字描述极其吻合。除了斯瓦特的龙王，玄奘还记载了塔克西拉的医罗钵呾罗龙王拜见佛陀的故事。

佛传故事里，还有一个值得注意的主题，就是般阇迦（Pāñcika）和诃利谛（Hāritī，汉文文献中也被译为"鬼子母"）这对夫妇神。"鬼子母"这一名称，早在西晋译经中就已经出现了，也因此在汉文佛教文献中频繁出现。鬼子母在成为佛教神祇之前，并不见于任何早期的印度文献，不是印度教的神灵，也不是耆那教的神灵。鬼子母造像最早就出现在犍陀罗佛教艺术中，而且数量众多。从这些证据来看，鬼子母信仰很可能是流行于犍陀罗地区的地方信仰，后来被佛教纳入自己的神灵系统。虽然在佛经中，佛陀度化鬼子母的地点在王舍城，但是玄奘在其《大唐西域记》中记载："（健驮罗国）梵释窣堵波西北行五十余里，有窣堵波，是释迦如来于此化鬼子母，令不害人，故此国俗祭以求嗣。"根据玄奘的记载，释迦牟尼度化鬼子母的地点在犍陀罗。而且，玄奘到达那里的时候，当地仍有到圣迹求子的传统。或许这也是犍陀罗再造圣地运动的一部分。其实，鬼子母的形象，早在1世纪，就在犍陀罗和巴克特里亚地区出现了。

最值得注意的是燃灯佛授记。燃灯佛授记发生的地点，不在佛陀故土，而是在今天的贾拉拉巴德，也就是汉文文献中的那揭国——这里因为是燃灯佛授记发生的地点而成为佛教圣地。燃灯佛授记具有非常关键的地位：它是佛本生故事的结束，也是佛传故事的起点。尽管故事的主人公儒童仅仅是释迦牟尼的前世，但是通过燃灯佛的授记，他已经正式获得了未来成佛的神圣性和合法性，之后历经诸劫转生为释迦太子已经顺理成章。所以我们就很容易理解，为什么这样一个佛本生故事，却往往出现在犍陀罗的佛传故事里，而且往往是作为佛传故事的开端：释迦牟尼通过燃灯佛授记，经过一定转生积攒功德，入胎于摩耶夫人体内。摩耶夫人诞下释迦牟尼，也就开启了佛教的伟大志业，众生的命运也因此改变。只有经过佛陀的讲法传道，才能解脱众生，跳脱六道轮回。而这一切，都从燃灯佛授记说起。

在犍陀罗佛教艺术中，燃灯佛授记非常重要，在犍陀罗现在所保存的本生浮雕中，其数量之多也令人惊讶。令人奇怪的是，这一佛教艺术主题在印度本土非常罕见，在犍陀罗地区尤其是贾拉拉巴德和迦毕试地区却发现很多。这说明有关燃灯佛为释迦菩萨授记的观念和信仰，曾在这一地区非常盛行。可以揣测的是，燃灯佛授记这一观念和佛教在犍陀罗地区的重塑有密切的关联，所以也带有强烈的地方色彩；同时，佛教中心从中印度向犍陀罗等中亚地区转

图0-18

图0-19

图0-18 般阇迦与诃利谛，3世纪，塔赫特巴希出土，大英博物馆

图0-19 艾娜克出土的燃灯佛授记浮雕，阿富汗国家博物馆

移,也带来了新的观念和艺术形式,燃灯佛授记应当是其中一种。燃灯佛授记的思想和艺术形式,是犍陀罗地区的发明创新,是佛教在这一地区的新发展。

佛教典籍中有关燃灯佛授记的地点,也被比附于贾拉拉巴德地区,玄奘时代称为那揭罗曷国(Naharahara)。玄奘在西行求法途中经过此地,也描述了跟燃灯佛授记有关的种种圣迹。《大唐西域记》卷二记载,那揭罗曷国都城东二里,有高达三百余尺的窣堵波,是燃灯佛为释迦牟尼授记的地方。玄奘绕塔礼拜,表达了他的崇敬之情。在它的南边有一个小的窣堵波,正是昔日儒童布发掩泥的地方。另外值得指出的是,这一源于犍陀罗的理念和艺术主题,传入中国后,对中古时期的历史有深刻的影响,乃至到北齐时,北齐文宣帝运用燃灯佛授记的理念为自己做政治的宣传。

五 在中国历史上扮演重要角色的"佛钵"

犍陀罗才是4—5世纪中土僧人西行求法巡礼的中心,位于布路沙布逻的佛钵,是4—5世纪中国僧人西行巡礼的重要圣物。

2014年,印度要求阿富汗政府归还置放在喀布尔阿富汗国家博物馆入口处的"佛钵"。这件佛钵,在19世纪被重新发现,曾引起英国学者康宁汉(Alexander Cunningham)等人的关注。20世纪80年代,阿富汗总统穆罕默德·纳吉布拉(Mohammed Najibullah)下令将其运到阿富汗国家博物馆保存。塔利班当权时,很多佛教文物被毁,但这件器物因带有伊斯兰铭文而躲过浩劫。据汉文史料记载,佛钵是在公元2世纪上半期,被贵霜君主迦腻色迦从毗舍离(Vaiśālī)或华氏城(Pāṭaliputra)抢到贵霜首都布路沙布逻(Puruṣapura,

图0-20 佛钵,高约0.75米,直径1.75米,重350—400公斤,阿富汗国家博物馆
佛钵矗立在博物馆入口处,其底部以莲花纹装饰,然而外围却有六行伊斯兰铭文,似乎是后来由伊斯兰信徒加刻上去的。

即弗楼沙）的。这也是现在印度要求阿富汗归还的"历史依据"。

当时闹得如此沸沸扬扬的新闻，却未在中国引起一丁点反响。今人很难想象的是，在魏晋南北朝时期，这件圣物却在中国的宗教、政治世界里持续地产生了重要影响。东晋兴宁三年（365），襄阳的习凿齿致书高僧道安，信中云："所谓月光将出，灵钵应降，法师任当洪范，化洽幽深。"说的就是作为圣物的佛钵。

佛钵被运到弗楼沙后，犍陀罗逐渐成为佛教中心，至少是4—5世纪的犍陀罗，以佛钵为中枢，成为僧俗共同的一大佛教中心地。该地保存至今的大量佛教寺院遗址，也充分证明了这点。实际上在法显到印度的时代，佛教在西域的繁荣，早已超过了印度本土。魏晋南北朝时期汉文史料中出现的"罽宾"，比如《汉书·西域传》所指的罽宾，并不是今天的克什米尔，而是指的犍陀罗地区。在魏晋南北朝时期，犍陀罗"多出圣达，屡值明师，博贯群经，特深禅法"，而且保存着数量众多的佛陀圣物，还有最高的佛教建筑雀离浮图。这段时间，译经僧也多出自这一地区。在印度本土，佛教反而衰落了。所以造成很多西行巡礼僧人，在犍陀罗巡礼圣物和学习之后，并不渡过印度河继续前行，而是打道回府。

学者们大都注意到，北魏熙平年间（516—518）的刘景晖事件——他被拥戴为"月光童子"。到了隋代，那连提黎耶舍重译《佛说德护长者经》，将隋文帝描述为月光童子转世。而且还预测佛钵将从布路沙布逻，经疏勒来到隋朝。当然最后没有实现——玄奘到达布路沙布逻的时候，佛钵已经被抢走了[1]。

---

[1] 参看许理和的研究，Erik Zürcher, "'Prince Moonlight': Messianism and Eschatology in Early Medieval Chinese Buddhism", *T'oung Pao* LXVIII, 1-3(1982), pp.1-75。有关佛钵与月光童子信仰在中国中古时期的影响，参看孙英刚、李建欣《月光将出、灵钵应降——中古佛教救世主信仰的文献与图像》，《全球史评论》第11辑，北京：中国社会科学出版社，2016年，第108—140页。

图0-21 供养佛钵,3—4世纪,东京国立博物馆
两边是交脚弥勒,佛钵供养是和弥勒连在一起的。

六　菩萨的兴起

佛教从一个地方信仰飞跃成为一个世界宗教，与其在犍陀罗地区的重塑和发展脱不开关系。可以说，佛教在犍陀罗地区发生了全面的、革命性的变化。这种变化，通常被学者称为大乘佛教兴起，取代小乘佛教成为主流。这一主流沿着丝绸之路往东进入中国，传入朝鲜半岛和日本列岛，形成了东亚文明的重要内涵。比较严格地说，犍陀罗地区的佛教新发展，在各个方面，包括艺术创作方面，都产生了深刻的影响。这也是在人类文明史上独树一帜的犍陀罗艺术能够出现的历史背景。在这种背景下，菩萨作为一个核心概念出现了。

在犍陀罗兴起的大乘佛教，其核心的信仰和理念从追求个人的自我救赎转变为标榜拯救一切众生。后来以此为标准，把追求自我解脱之道称为"小乘"，把普救众生之道称为"大乘"。这对佛教的神格体系也产生了根本性的影响。追求自我解脱的小乘佛教视佛陀为人格化的导师，而非无所不能的神祇。但是在大乘佛教的体系里，佛陀成为最高神灵，是彼岸世界的最高统治者。在犍陀罗艺术中大量出现了梵天劝请主题的浮雕，讲的是当释迦牟尼成道后，本计划自行涅槃，但是在梵天的劝请之下，放弃自我救赎，为众生讲法（初转法轮），以帮助一切众生跳脱六道轮回为志向。也就是说，不能光自己成佛，还要帮助众生脱离苦海。

最能体现大乘佛教这一核心理念的，就是"菩萨"概念的出现。或者说，菩萨信仰是大乘佛教的重要特征。从根本上说，菩萨和佛是紧密相关的一对概念。佛果的成就，需要依照菩萨行而圆满成就。可以说，"菩萨"是犍陀罗佛教最为重要的创新概念，是其跟原始佛教最主要的区别之一。菩萨的本意是"具备觉悟能力者"。觉悟之后的释迦太子称为"佛陀"，意思是"觉悟者"；菩萨则是未成佛但具备觉悟条件的人。菩萨可以成佛，但是他放弃或者推迟了涅槃，而留在世间帮助众生。一般认为，"菩萨"的概念在公元前后出现，他"发菩提心，修菩萨行，求成无上菩提"，宣扬"佛果庄严，菩萨大行"，这跟"发出离心，修己利行，求成阿罗汉"的旧传统有区别。但是两者之间是否存在激烈的竞争和冲突，没有史料证明。随着佛教传入中国，再传入朝鲜半岛和日本，东亚菩萨信仰也达到顶峰，成为东亚信仰世界的重要组成部分。

那些冒着生命危险、远涉流沙到异域传法的高僧们，按照佛教教义的理解，就被称为菩萨。他们秉持的就是这种上求菩提、下化众生的精神。在丝绸之路上流动的，除了香料、贵金属、奢侈品，还有佛陀的教诲。来自犍陀罗的高僧们抱着拯救世人的理想，进入新疆、敦煌、长安、洛阳、邺城，忍受自然环境的恶劣和文化的挑战，希望能够用佛法拯救众生。贵霜人竺法护世居敦煌，他来中土的目的就是宣传佛法，"志弘大道"[1]。时人都称他为"敦煌菩萨"，他也自称"天竺菩萨昙摩罗察"。或许这就是犍陀罗文明的核心精神和理念。

在贵霜时期，菩萨在佛教和政治宣传中的作用突出起来。菩萨的地位被抬高，随之而来的是菩萨像出现，成为犍陀罗佛教艺术极为重要的表现主题和描述对象。菩萨像的诞生很可能比佛像晚。在菩萨像中，作为救世主的弥勒（Maitreya）菩萨也出现了。一般观点认为，犍陀罗地区是弥勒信仰的中心。弥勒带有强烈的政治色彩，被赋予了极端重要的地位。弥勒和转轮王的关系也变得重要起来。带有"重生"意味的弥勒和带有"入灭"意味的涅槃，成为犍陀罗佛教艺术重点描述的对象[2]。在犍陀罗的菩萨像中，绝大多数是弥勒菩萨像。

1980年，今斯瓦特地区（乌苌国，Udyāna）的一处佛塔遗址出土了乌苌国国王色那瓦尔摩（Senavarmā）于公元14年留下的犍陀

---

[1]《高僧传》卷一《竺法护传》，《大正藏》第50册，第326页下。
[2] 有关研究，参看宫治昭著，李萍、张清涛译《涅槃和弥勒的图像学——从印度到中亚》，北京：文物出版社，2009年。

图0-22 弥勒立像,大都会博物馆

图0-23 弥勒立像,大都会博物馆
弥勒菩萨装扮如贵霜时代的王子

罗语金卷,里面就提到了弥勒。弥勒作为佛教救世主以及未来佛,出现在贵霜君主迦腻色迦的钱币上。迦腻色迦钱币上的弥勒,是结跏趺坐的形象,戴有耳环、臂钏,右手施无畏印,左手持瓶,周围用希腊字母写着"Metrago Boudo"(Maitreya Boudo,即"弥勒佛")[1]。值得注意的是,迦腻色迦钱币上的弥勒,虽然造型是菩萨,但被称为"佛"。这反映了弥勒的双重属性,一方面他是菩萨,另一方面他是未来佛,将在未来继承释迦牟尼的志业。迦腻色迦钱币上,除了有弥勒造像,也有佛陀造像,可见两者是同时并存的。既然弥勒的形象可以被铸造在钱币上,也说明了至少在迦腻色迦统治时期(2世纪),弥勒信仰已经取得了广泛的认同和王权的支持,至少在迦腻色迦时代,弥勒作为未来佛的观念,已经非常流行了。弥勒带有强烈的政治色彩。正因为如此,他跟佛教理想君主转轮王的关系也变得极端重要。迦腻色迦、梁武帝、隋文帝、武则天等,都在自己的政治操弄中将弥勒信仰和转轮王的关系作为理论武器。

孔雀王朝的阿育王、希腊-巴克特里亚王朝的米南德一世、贵霜的迦腻色迦,在佛教典籍中往往被描述为佛教转轮王。这一时期,佛教不但具有宗教信仰的性质,应该还带有政治意识形态的功能。弥勒崇拜显然是贵霜佛教的重点之一,这一点原始印度佛教并不具备。佛教的救世主跟其他宗教不同,佛教的释迦牟尼佛并不具备救世主功能,而普度众生的救世主是未来佛弥勒。弥勒信仰传入中国后,成为重要的指导政治社会改造运动的理论,引发了数百年的政治狂潮。但是7世纪之后,中土的弥勒巨像雕刻衰落了,弥勒的地位下降,阿弥陀佛和观世音的地位上升,显示了佛教从政治世界退出的痕迹。

在犍陀罗美术中,有大量关于供养、持戒、智慧、解脱的主题,

---

[1] 关于迦腻色迦带有佛像的钱币,可以参看 Joseph Cribb, "Kaniska's Buddha Coins: The Official Iconography of Sakyamuni & Maitreya", *The Journal of the International Association of Buddhist Studies*, Vol.3, No.2, 1980, pp.79-88。

几乎贯穿整个犍陀罗艺术体系。佛教虽然在犍陀罗衰落下去，但在东亚却牢牢站稳了脚跟。与其有关的宗教、文化和艺术，在中华文明的核心地区包括洛阳、长安、大同、敦煌都生根发芽。佛光照耀之处，中国、日本和韩国的文明传统都发生了重要的变化，这种变化成为文化遗产，留存至今。

第一章

I

希腊化时代和犍陀罗文明中的希腊元素

犍陀罗是古典时代人类文明的熔炉，印度文明、伊朗文明、希腊文明、北方的草原文明，乃至东方的汉文明都在这里相遇、碰撞和融合，造就了独一无二的具有世界主义色彩的犍陀罗艺术。东亚文明的很多宗教元素，可以在这里找到源头。这里是佛教的飞翔之地，佛教在这里获得新的活力，飞跃进入东亚，发展成为世界性宗教；这是人类历史的一次"全球化"尝试，轴心时代的五大思想高峰及其带来的文明成果，在这里完美地融合，希腊的哲学、神学、美学，和印度发源的佛教、印度教、地方神祇，以及伊朗系文明中的琐罗亚斯德教，乃至弥赛亚信仰，彼此激发，形成了影响东方文明的佛教文明体系。佛教传入中国之后，与中国的儒家、道教、阴阳五行等思想融合，成为中国文明的固有组成部分。可以说，大约从公元前400年到公元400年之间，犍陀罗，就是世界的中心，是人类文明交汇的十字路口。

一 希腊-巴克特里亚时代

自亚历山大大帝远征之后，数百年时间，希腊居民及其文明曾在今天西北印度、巴基斯坦和阿富汗地区繁荣过，并对佛教从一个地方性宗教飞跃成为世界宗教起到了独特的作用。

"巴克特里亚"是古希腊人称呼今天兴都库什山以北阿富汗斯坦东北部地区的概念，在中国史籍中谓之"大夏"，而西方史学家和阿拉伯人则称之为"吐火罗斯坦"。

亚历山大帝国崩解之后，留在巴克特里亚的希腊人建立了希腊-巴克特里亚王国。后来在德米特里一世（Demetrius I of Bactria）等君主扩张下，将犍陀罗等地也纳入了统治范围。在这段时间，早在公元前3世纪就已传入犍陀罗和巴克特里亚的佛教，获得了统治者坚定的支持，佛教的中心从恒河流域转移到这里。希腊文化的许多元素被佛教吸收，后者不论是教义还是艺术形式，都发生了重大变化。

图1-1

图1-2

图1-1 兴都库什山脉
发源于此的喀布尔河在犍陀罗地区注入印度河水系,形成喀布尔河谷,是进入印度次大陆的重要通道,历史上一般翻越兴都库什山拿下犍陀罗,印度河流域就展现在眼前了。

图1-2 佛陀头像,集美博物馆
这个头像带有希腊文化元素,呈现庄严静穆的宗教美感,同时具有写实主义风格。

图1-3 佛陀立像,白沙瓦博物馆,典型的希腊化佛教艺术

图1-3

图1-4 希腊-巴克特里亚王国国王欧西德莫斯一世钱币
正面是君主肖像，背面是手持大棒的赫拉克勒斯。从亚历山大时期开始，赫拉克勒斯就跟王权联系在一起，象征着君主护佑民众的功德。

图1-5 德米特里一世银币
正面为德米特里一世的肖像，头戴大象王冠；背面为赫拉克勒斯形象。

图1-6 德米特里一世钱币，背面是双蛇杖

德米特里一世（前200—前180年在位）的钱币上屡屡出现大象的形象，一种是德米特里一世头戴大象头饰的肖像，另外一种德米特里一世钱币，正面是一头大象，背面是双蛇杖（caduceus）。有学者认为大象可能是佛教和释迦牟尼的象征。

希腊-巴克特里亚王国鼎盛时期，也影响到塔里木盆地。在新疆天山北发现了戴着希腊式头盔的战士雕像。另外一块收藏于新疆维吾尔自治区博物馆的织物片段描述的可能是一位希腊战士。在楼兰地区出土的可能是东汉晚期的彩色缂毛残片上，描绘着典型的希腊罗马式赫尔墨斯（Hermes）头像。赫尔墨斯在古希腊神话中掌管贸易、旅行、竞技等，并为众神的信使，为神祇们传递信息。他的标志是手持双蛇杖。

中国典籍上记载的大宛，也就是汉武帝派军队远征取天马的地方，现在基本断定应该是一处位于费尔干纳盆地的希腊化城邦，很可能就是亚历山大大帝建立的极东亚历山大城（Alexandria Eschate）。"宛"这个名字，很可能是从"爱奥尼亚"（Ionians）转化来的。中亚的希腊人被称为"Yavana"，或称为"Yona"，其实就是"Ionian"。汉武帝对大宛的远征，是中国文明第一次大规模和一个高度城市化的印度-欧洲文明接触。

印度-希腊王国到了米南德一世的统治时期，达到鼎盛。米南德一世（Menander I，前165/155—前130年在位）作为一位与佛教关系微妙的统治者，在西方古典文献和东方佛教文献，乃至汉文文献中都留下了自己的痕迹。南传小部经典《弥兰陀王问经》（*Milinda Pañha*）和汉传佛典《那先比丘经》内容是弥兰陀王（也就是米南德一世）向高僧龙军（Nāgasena，那先）问道的集录[1]。

---

1 有关讨论，参看水野弘元著，许洋注《佛教文献研究》，Dharma Drum Publishing Corp., 2003，第221—282页。

图1-7

图1-8

图1-7 新疆发现的"希腊战士"雕像，新疆维吾尔自治区博物馆

图1-8 织物片段描绘的"希腊战士"，新疆维吾尔自治区博物馆

图1-9 绘有赫尔墨斯形象的织物残片
斯坦因在楼兰地区发现，可能来自犍陀罗或者更远的地区。

图1-9

图1-10 米南德钱币,大英博物馆
钱币上塑有米南德一世头像,带有鲜明的希腊人特征。

在《那先比丘经》中,有一段米南德和高僧那先(Nāgasena)之间有趣的对话:

那先问王:"王本生何国?"
王言:"我本生大秦国,国名阿荔散。"
那先问王:"阿荔散去是间几里?"
王言:"去二千由旬合八万里。"[1]

所谓大秦国,应该是当时中土知识所框架的欧洲世界的代称,因为这一时期罗马已经崛起,汉文资料往往称罗马为大秦,进而可明确此米兰德王的希腊背景,而"阿荔散",显然是"Alexandria"(亚历山大)的音译。

《弥兰陀王问经》有着柏拉图式的行文风格。塔恩爵士猜测其改编自一个最初用希腊文写成的文本。公元前2世纪的《阿里斯狄亚书简》(*Letter of Aristeas*),或许就是对《弥兰陀王问经》的模仿[2]。

---

[1]《那先比丘经》卷下,《大正藏》第32册,第717页下。
[2] 有的学者甚至认为高僧龙军也是希腊人,所以他能够熟练地使用西方世界熟悉的柏拉图式的行文风格。George Woodcock, *Greeks in India*, Faber and Faber Ltd., 1966, pp.95-96. 不过其逻辑是基于佛典中提到龙军是阿育王时代高僧法铠(Dharmaraksita)的弟子,而后者是希腊人,所以龙军也有可能是希腊人。

图1-11 米南德一世铜币,大英博物馆
一面是八车辐(可能象征佛教的八正道)的轮宝,一面是棕榈叶。

米南德钱币正面是来自东方传统的轮宝,象征着他转轮王的身份,甚至说明他某种程度上接受了佛教,反面是来自希腊文明的棕榈叶,这足以证明当时文明交融的程度之高了。[1]

罗马时代的希腊史家普鲁塔克在其著作《道德论集》(*Moralia*)中提到,米南德一世去世之后,其统治之下的城镇决定将其骨灰分给诸城,分别建造纪念碑(应该就是塔)保存和供养。这种葬仪不禁令人想起佛陀死后,他的舍利被分散建塔,进行供养。

米南德一世之后,几经危机,希腊文化最终消失在东方文化的汪洋大海之中,但是其很多的文化元素,则进入了其他的文化体系。佛教教义和古希腊哲学在内涵上具有融通之处。很可能在这个时期,大乘佛教对苦修的教义做了调整,苦修不再是必需的通往解脱的路径,而虔诚的布施和礼拜也能让信众获得功德和解脱。通过这样的调整,佛教获得了包括工商业阶层的广泛支持,也契合了各民族包括希腊人的信仰需要,为佛教沿着丝绸之路更广泛地传播奠定了基础。

---

[1] 相关讨论参看 William Woodthorpe Tarn, *The Greeks in Bactria and India*, Cambridge University Press, 2010;A.K.Narain, *The Greeks of Bactria & India*, Cambridge: Cambridge University Press, 1938。有关转轮王符号的论述,参看孙英刚《转轮王与皇帝——佛教王权观对中古君主概念的影响》,《社会科学战线》2013年第11期,第78—88页。

应该也是在这个时期，佛教也向偶像崇拜做出了妥协，改变了之前不塑造佛像的传统，将身材高大的塑像视为圣人或者神灵的栖身之所或象征之物。受到希腊写实主义艺术风格的影响，犍陀罗艺术家第一次将佛陀的形象呈现大众的面前。在中亚铁尔梅兹、达尔弗津-特佩、昆都士、迪里别尔津等地，保存了大量精美的犍陀罗佛教艺术珍品。

塔克西拉的法王塔（Dharmarajika stupa）最早修建的时间是阿育王时期。塔克西拉地区的锡尔卡普（Sirkap）古城最早在公元前2世纪由德米特里一世修建，1世纪重建。古城分为上下两城。下城南北长600多米，东西宽200多米，石砌城墙厚达五六米。城内街道设计得很有规则，将城市分为26个街区，正中是宽八九米的大街。大街两侧分布着店铺、庙宇。

锡尔卡普的双头鹰庙，很能说明希腊文化和佛教信仰的融合。这是一座佛教窣堵波，但建筑样式却是希腊式的。中间为台阶，台阶两边的基坛上各有三个壁龛。壁龛两侧是希腊样式的科林斯柱，壁龛里雕刻着双头鹰。

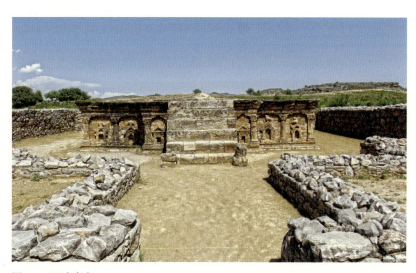

图1-12 双头鹰庙

图1-13 锡尔卡普的寺庙遗址

第一章　希腊化时代和犍陀罗文明中的希腊元素　047

图1-14

图1-14 舍利容器，塔克西拉博物馆
锡尔卡普出土，器形似乎借鉴了罗马化妆盒的样式。

图1-15 塔克西拉遗址
这里从希腊–巴克特里亚到贵霜时期，都是重要的人类文明中心。

图1-15

相对锡尔卡普像一个国际化的大都市，阿伊–哈努姆（Ai Khanoum）更像一个区域中心，但是这里出土了很多带有希腊化特征的遗物。其竞技场遗迹发现有希腊老人形象的人形石柱。在残存的一个石柱基座上刻有希腊格言："少年时，举止得当；年轻时，学会自制；中年时，正义行事；老年时，良言善导；寿终时，死而无憾。"根据铭文记载，这是一个叫克林楚斯（Clearchus）的希腊人从希腊本土德尔斐神庙认真抄写下来，然后带到这里的。

阿伊–哈努姆受到的伊朗文明影响也很明显。在一座带有壁龛的神庙中，考古学家发现了一个带有自然女神西布莉（Cybele）的银盘。在银盘中，希腊神话中的自然女神乘坐战车，目视前方，戴类似王冠的头饰。身后有一个穿着类似希腊祭司的人，手持阳伞式的东西护持女神。在自然之母前面是另一个希腊女神——胜利女神尼姬（Nike，罗马名即为Victoria）。胜利女神驾驶战车，身带双翼——这正是胜利女神的标志性特征。战车由前面两头狮子牵引，穿过一片布满岩石的土地。战车面对带有阶梯的祭坛，一个祭司模样的人在献祭。天空中是太阳神赫利乌斯（Helios）。除了太阳神之外，还有新月出现，新月旁边是一颗发光的星星。整个图像表现的是自然女神掌握自然秩序，整个宇宙呈现出和谐美好的情景。银盘可能是用在宗教仪式上。值得关注的是，自然女神乘坐狮子牵引的战车是流行于小亚细亚和地中海地区的式样，战车的结构和祭坛的样式则受到伊朗文明的影响。

在该城的主神庙中，发现了宙斯的巨大脚印，根据测量，这是一座宙斯坐像，大小相当于正常人身高三倍。可见宙斯在阿伊–哈努姆是很受崇拜的神。

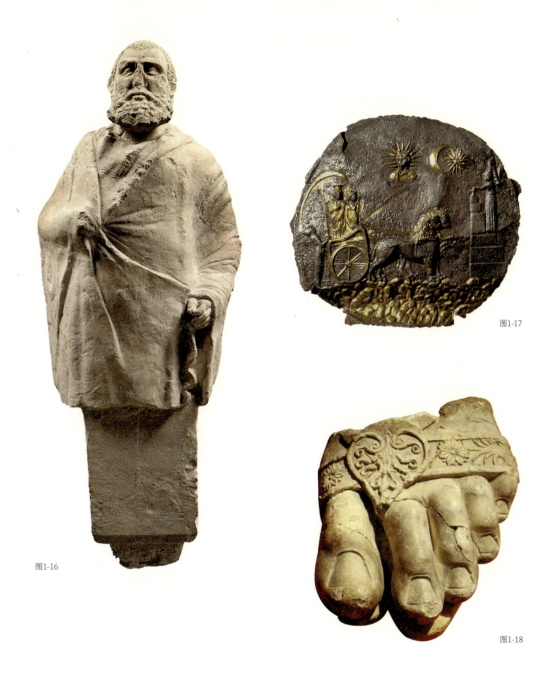

图1-16

图1-17

图1-18

图1-16 人物形柱,公元前2世纪,阿伊-哈努姆出土,阿富汗国家博物馆

图1-17 镀银仪式盘,约公元前200年,阿伊-哈努姆出土,阿富汗国家博物馆

图1-18 宙斯的左足,大理石,公元前3世纪,阿伊-哈努姆出土,阿富汗国家博物馆

第一章 希腊化时代和犍陀罗文明中的希腊元素

二 装饰盘的世界和狄俄尼索斯信仰

前文我们提到一块出土的犍陀罗浮雕上,刻画着"木马屠城"的场面。在远离希腊文化母体千万里之外的中亚,居然保存了如此准确的图像,真是不得不让人感叹人类文明交流的穿透力。

但希腊文化深刻影响了犍陀罗的早期美术,最具代表性的艺术品是一些圆形石制作品,被称为"装饰盘"(toilet tray)。伴随着装饰盘的消失,犍陀罗美术进入了贵霜佛教美术的兴盛时期。

这些充满希腊文化色彩的装饰盘,一般直径在10—20厘米,材质包括片岩等,周边凸起,中间凹入,中间部分雕刻浮雕——几乎都是人物或者动物浮雕。有的全部雕刻,有的只雕刻四分之三或者一半的凹面,剩下的留白,有的简单用几何纹和莲花纹装饰。这些装饰盘呈现一种世界主义的精神面貌。在这些装饰盘上雕刻的,有乘海兽的人物,有喝醉的酒神狄俄尼索斯和大力士赫拉克勒斯,有阿波罗追求达芙妮的场景,有死者的飨宴,等等。

这些装饰盘的一个重要主题,居然是展现男女情爱的场面,比如阿波罗抢夺达芙妮等。迦毕试出土的石膏板上,描述了女神塞壬(Seirenes,半人半鸟的海妖)抢夺假睡的西勒诺斯(Silenus)。在古希腊罗马艺术中,此类主题往往是对诸神性爱力量的赞美。

除了人物像之外,装饰盘常常出现海兽的形象,比如尼尔尤斯(Nereus)的女儿海宁芙(Nereid)骑乘各种海兽。希腊文化传入犍陀罗不光经过陆地,也跟海上贸易有关系。在犍陀罗装饰盘上,可以看到海神波塞冬的形象。

装饰盘浮雕的另一个常见主题是死者的飨宴:主人公身穿希腊式长衣,斜卧在长台上,手中拿着酒杯,与旁边的人交谈,背后则有人举着月桂花冠。有学者认为,这一题材公元前5世纪出现在希腊和小亚细亚的墓碑和石棺上,描述的是与死者告别的场景,期望死者重生。

图1-19

图1-20

图1-21

图1-19 装饰盘，阿波罗抢夺达芙妮，公元前2—前1世纪，片岩，直径10.6厘米，厚0.4厘米，大都会博物馆

图1-20 装饰盘，海神波塞冬（Poseidon）及其侍者，公元前2—前1世纪，日本东方艺术博物馆

图1-21 装饰盘，海宁芙骑在海兽上，大都会博物馆

第一章 希腊化时代和犍陀罗文明中的希腊元素

图1-22　装饰盘，夫妇和海神，1世纪，大都会博物馆

图1-23　装饰盘，带翼人物（或爱神厄罗斯）骑在狮头海怪背上，直径15.2厘米，厚2.5厘米，大都会博物馆

图1-24　装饰盘，死者的飨宴，1世纪，大英博物馆

装饰盘最核心的人物应该是狄俄尼索斯，最核心的场景是喝酒。在希腊文化里，他是主管葡萄栽培和酿酒之神，象征着自然丰饶。狄俄尼索斯的崇拜具有平民性，每当大酒神节（Bacchanalian Festival）到来，人们欢聚一堂，载歌载舞，喝得大醉。犍陀罗出土的石雕圆盘中，有若干个装饰盘刻画了祭拜酒神的情节。画面中人物或端着酒坛，或牵着山羊，或捧着供品，手舞足蹈，给酒神献祭。

图1-25

图1-26

图1-25　犍陀罗浮雕，酒神节上喝醉的狄俄尼索斯，1世纪，东京国立博物馆

图1-26　犍陀罗浮雕，载歌载舞的酒神节，1世纪，大都会博物馆

图1-27 容器碎片，大酒神节场景，1世纪，大都会博物馆

图1-28 宴饮场面，1—2世纪，塔赫特巴希佛教遗址出土，大英博物馆

图1-29 装饰盘，1世纪，直径15.6厘米，大都会博物馆
盘面有所残损，刻画两个手持酒杯的女人搀扶着喝醉的赫拉克勒斯。

图1-30 装饰盘，1世纪，大都会博物馆
喝醉的赫拉克勒斯，旁边有狮子的形象出现。

除了狄俄尼索斯，装饰盘浮雕中也有表现大力士赫拉克勒斯喝醉的情形。

在犍陀罗地区，饮酒和宗教生活紧密相关。酿酒、饮酒往往跟盛大的节日联系在一起，在塔克西拉出土的装饰盘上，甚至描述了酿酒的情形。

图1-31

图1-32

图1-31 宴饮，片岩浮雕，1—3世纪，拉合尔博物馆
两对男女饮酒场面，颇具希腊特色。

图1-32 运酒和喝酒场面，3世纪，东京国立博物馆

通常认为，佛教僧侣不能饮酒，但犍陀罗存在大量的证据，证明佛教寺院保存着过滤葡萄酒的装置，在斯瓦特等地，佛教寺院附近发现榨汁的遗迹。在犍陀罗的佛教建筑，比如窣堵波和阶梯侧面，也都出现了饮酒的画面。

这些装饰盘跟佛教信仰有关系吗？在一件装饰盘上，发现有梵天劝请的主题。这或许能说明，梵天劝请很可能是最早的犍陀罗佛像主题之一。宫治昭认为，希腊传来的狄俄尼索斯信仰，通过饮酒的恍惚意念，象征来生或者化生，所以跟佛教的理念连接在一起。葡萄卷草纹的浮雕和宴饮场景相关，也在犍陀罗艺术中占有重要的地位。在犍陀罗装饰中，经常能看到葡萄卷草纹，有的以葡萄卷草纹为背景雕刻裸体童子、野猪、小鹿等动物（比如犍陀罗初转法轮浮雕）。葡萄卷草纹应该和狄俄尼索斯信仰紧密相关，同时葡萄卷草纹象征丰饶多产，配合欣欣向荣的动物、童子形象，强调的是富有生命力和乐园的意涵。

与狄俄尼索斯信仰和大酒神节有关的艺术形式，也向东传入中国。2003年，楼兰发现大型壁画墓。其墓室东壁绘有饮酒图。有的学者认为这是粟特人饮酒的场面，实际上这跟狄俄尼索斯信仰和大酒神节有关。

图1-33 头发上有葡萄叶的狄俄尼索斯头像，4—5世纪，大都会博物馆

三　赫拉克勒斯：从希腊大力士到佛陀的保镖

在犍陀罗佛传故事浮雕中，我们经常看到一位肌肉发达、须发浓密、高鼻深目、手持大棒（有的还持拂尘）的武士形象，陪伴在佛陀身边。这位带有强烈希腊人外貌特征的人物，像极了希腊神话中的大力士赫拉克勒斯。

佛教传入犍陀罗之后，吸收了很多当地神祇进入自己的万神殿，这其中包括希腊神祇。正是在这种背景下，大力士赫拉克勒斯被佛教"收服"，转变为佛教的执金刚神。

在古希腊罗马神话中，赫拉克勒斯是大力神，是体育竞赛的保护神——这也是为什么阿伊-哈努姆城竞技场以他为保护神。在犍陀罗艺术浮雕中，最多的是赫拉克勒斯杀死或驯服涅墨亚狮子的形象。

古典文明中，由于征服了威胁人类的危险力量，杀死了很多威胁人类的怪物，赫拉克勒斯被视为人类世界安全的保护者。这一点往往被希腊、罗马乃至犍陀罗的君主们借用到自己身上，增强王权的说服力。因此，他的形象跟王权联系在一起。直到贵霜帝国的君主，从丘就却（Kujula Kadphise）到胡毗色迦（Huvishka），都将赫拉克勒斯铸造在自己的钱币上[1]。

赫拉克勒斯在犍陀罗浮雕的体育比赛的场景中扮演了重要的角色。在一块浮雕板中，描绘着赫拉克勒斯手持大棒和狮子皮，驯服一头狮子的情景。

犍陀罗工匠们在描述佛陀生涯上花费了大量精力，而执金刚神几乎出现在佛传故事的每一个情节中。在犍陀罗浮雕中，他的位置并不

---

[1] 正如罗森菲尔德在他的名著《贵霜王朝的艺术》(*The Dynastic Art of Kushan*) 一书中论述的那样，杀死威胁人类的怪兽，是君主何以为王的合法性前提，这是一种隐喻。这也是为什么那么多希腊-巴克特里亚以及贵霜君主使用赫拉克勒斯作为王权符号的原因。

图1-34

图1-35

图1-34 赫拉克勒斯和涅墨亚狮子，26厘米×34.9厘米，1世纪，大都会博物馆

图1-35 佛陀与执金刚神，大英博物馆

固定，有时在佛陀左右，有时在佛陀身后，有时在不显眼的角落。有的时候，他的形象是健壮的年轻人，赤裸上身，留着胡子，手持金刚杵，大多数情况下是高鼻深目的形象。犍陀罗和克孜尔出土的浮雕和壁画，存在前后相继的关系。

执金刚神使用的武器，是金刚杵——很可能源自于赫拉克勒斯的大棒。在犍陀罗浮雕中，有的金刚杵是中部收敛成棒状，有的是下方带有圆形棒头的大棒。金刚杵在印度造像里是帝释天的武器。在犍陀罗佛教艺术中，手持金刚杵护卫佛陀的基本是执金刚神。除了金刚杵外，执金刚神还经常手持拂尘，为佛陀驱赶蚊虫。一手持金刚杵、一手持拂尘的执金刚神，常见于犍陀罗的浮雕中。这种造型也向东传播，比如，克孜尔壁画中有栩栩如生的执金刚神，其造型就是一手持金刚杵，一手持拂尘。

桑奇、巴尔胡特、阿马拉瓦蒂等地出土的佛传雕刻中，都没有发现执金刚神的身影，只有在犍陀罗，佛教文献中地位较低的执金刚神却成为佛教艺术的重要形象。或许反映了佛教在犍陀罗，尤其是贵霜统治时期，从一个地方信仰崛起成为世界宗教过程中的一些面相。大乘佛教的一个重要特点就是，佛陀角色从人间导师转变为信仰世界的最高神和主宰者。佛教在犍陀罗的重整，需要执金刚神这样充满神秘力量的武士充当保镖，衬托其神圣伟大。

犍陀罗艺术通过丝绸之路传入中国，把希腊文化元素也带了进去。麦积山的一尊武士像也是头戴虎头或者狮头盔，手持大棒。北齐大臣徐显秀墓出土的一枚戒指上，清晰地描绘了这位希腊大力士的身影。

图1-36

图1-37

图1-38

图1-36 初转法轮中的执金刚神，57厘米×40厘米，5世纪，克孜尔第77窟，柏林亚洲艺术博物馆

图1-37 执金刚神与比丘们，2—3世纪，大英博物馆
描述的似乎是佛传故事部分场景，下方的执金刚神如赫拉克勒斯一样头戴狮头帽。

图1-38 佛传的三个场景，3世纪，柏林亚洲艺术博物馆
在这三个场景中，可以清晰看到手持金刚杵跟在佛陀身后的执金刚神。

四 其他希腊诸神

早期犍陀罗佛教艺术的一个重要装饰元素，是扛花环的童子（Amorino）。这一装饰元素一般出现在窣堵波的基座、圆柱塔身中部以及阶梯的侧面，也出现在舍利容器上。比如有名的迦腻色迦舍利函中部，就围绕着一圈扛花环童子作为装饰。

扛花环的童子这一题材出现在公元前3世纪，在罗马帝国时期得到广泛的传播，成为重要的装饰元素。在融入佛教艺术之前，其思想意涵可分为两种，一种象征着胜利和光荣，出现在描述战争胜利的场景；一种是葬礼的场景，大量出现在石棺浮雕上，象征死后世界的荣光。犍陀罗窣堵波、舍利函上的扛花环童子往往跟充满生命力的莲花蔓草结合在一起，象征丰饶多产的乐园图景，是灵魂不灭和死后荣光的意涵，这或许是犍陀罗对佛陀永恒世界的想象。

不过，犍陀罗佛教艺术中的扛花环童子的表现手法具有自身的特点，与西方相同题材画面有显著区别。希腊罗马的扛花环童子图像中，花环往往是一个个悬挂的。而犍陀罗艺术中的花环则是波形曲线，呈现规则的起伏。

图1-39 扛花环童子，加尔各答印度博物馆

早期犍陀罗佛教中，飞行的形象出现得非常频繁。伊朗系的琐罗亚斯德教也给带翼神人形象提供了思想来源。胜利女神尼姬（Nike）和爱神厄罗斯都是带翼的形象。阿富汗黄金之丘出土了带有希腊化风格的带翼阿芙洛狄忒。在犍陀罗佛教艺术中，带翼神人多出现在佛传浮雕中，在斯瓦特出土的初转法轮浮雕中，带翼神人载歌载舞，撒花庆祝佛陀第一次传法。使用带翼人物形象作为建筑装饰，在大犍陀罗地区非常流行。这种造型，也影响到中国中古时期的佛教雕塑，比如北朝时期的释迦牟尼雕像，在头顶就会有飞翔的带翼神人护佑。

在新疆米兰佛寺中，保存有古希腊罗马风格的"有翼天使"壁画像。虽不能推断这是古希腊罗马文化向东传播的最东点，但是这明显是丝绸之路上东西方文化融合的力证。米兰发现的带有强烈犍陀罗风格的壁画作品，可以说是犍陀罗艺术的重要组成部分。米兰佛教壁画中的"有翼天使"，应该是古希腊神话中的小爱神厄罗斯。壁画中的"有翼天使"有着浓密的眉毛、炯炯有神的眼睛，略微仰视，这样的样式让礼拜者在回廊中通过时，不论从哪个角度，都能与天使对视，获得一种宗教的注视感。马歇尔认为，犍陀罗艺术在处理人像的双眼方面，前后期是有变化的。早期的人像，双眼大而有神，到了成熟期之后，人像变得更加宗教程式化，双眼失去个性，往往带有半张半闭的特点，给人一种疏离和超脱人世的感觉。米兰佛寺的"有翼天使"，双眼明大，可能是犍陀罗佛教艺术的早期作品。米兰佛寺壁画的署名者为"Tita"，这是公元初几个世纪流行于罗马东部的常见名字"Titus"，罗马的一位皇帝也用过这样的名字。可见作者很可能是来自犍陀罗，崇拜希腊艺术。

拉合尔博物馆藏有一尊雅典娜雕像，头戴头盔、身穿希腊式无袖亚麻衬袍"希通"（Chiton），左手持盾，右手持矛。这座雕像或是某个佛教寺院的守护神。

阿特拉斯（Atlas）是希腊神话中的擎天神，属于泰坦神族，在

图1-40

图1-41

图1-40　有翼天使壁画，2—4世纪，米兰佛寺出土，大英博物馆

图1-41　雅典娜，2世纪，高82.5厘米，拉合尔博物馆
女神身穿"希通"，非常飘逸，身体的轮廓极为细腻，甚至凸起的小腹都有体现，比任何希腊罗马的雅典娜雕像毫不逊色。

泰坦旧神族被新的神族击败后，阿特拉斯被宙斯降罪，用头和双手撑起青天。阿特拉斯被引入犍陀罗造像艺术，主要任务就是托起佛塔的塔基。窣堵波的基座或者其他建筑的底端，经常看到阿特拉斯的形象。在犍陀罗雕像中，他经常是高抬手臂托起重物的姿势——这可能并非仅是装饰的用途，还应该有思想和信仰的意涵在里面。对于建筑来说，安全和坚固是最重要的，由阿特拉斯来托起建筑，让人们相信，建筑获得了神力的加持，更加坚固和牢靠。犍陀罗的阿特拉斯经常带有双翼，显得孔武有力。

海兽特莱顿（Triton）是海洋的信使，是海神波塞冬的儿子，上半身作人形，下半身作鱼尾形。在犍陀罗浮雕和装饰盘中可以看到。在犍陀罗浮雕中，他以成行形象出现。犍陀罗出土的特莱顿数量众多，反映了当时犍陀罗地区除了陆路交通外，可能也接受海上交通带来的信息。

在犍陀罗浮雕中，出现了希腊风神的形象。风神的这种形象对东亚产生了深刻影响，一直到江户时代的《风神雷神图》，依然能够看出犍陀罗的影子。

图1-42 阿特拉斯，片岩石雕，2—3世纪，白沙瓦博物馆

图1-43 双翼阿特拉斯，白沙瓦博物馆

图1-44 双翼阿特拉斯，高38.1厘米，克利夫兰博物馆

图1-45a

图1-45b

图1-46

图1-45 a,b 海兽特莱顿,1世纪,大都会博物馆

图1-46 海兽特莱顿,大英博物馆

图1-47　风神奥拉，2世纪晚期到3世纪，希腊雕塑

图1-48　风神，2世纪，犍陀罗，柏林国家博物馆

图1-49　带有风神形象的贵霜金币，平山郁夫丝绸之路美术馆

图1-50　俵屋宗达《风神雷神图》，京都建仁寺

第一章　希腊化时代和犍陀罗文明中的希腊元素　　069

第二章

贵霜帝国的王朝艺术

II

在1世纪到4世纪的数百年中，贵霜帝国在罗马帝国、汉帝国和安息帝国之间，扮演着中介的角色。在阿兰（Ārā）发现的有名的迦腻色迦二世（Kanishka II）铭文上写着他的头衔："大王、众王之王、天子、恺撒"（Mahārājasa Rājatirājasa Devaputrasa Kaïsarasa）。"大王"是印度传统，"众王之王"是伊朗传统，"天子"有可能是从中国借用的概念，而恺撒则明显来自当时的罗马帝国，是罗马皇帝的称号。迦腻色迦二世的王衔，浓缩了来自四大文明的传统，可谓是贵霜世界主义色彩的一个缩影。贵霜地处丝绸之路要道，使得它在1世纪之后的数百年里，成为整个人类世界的贸易、宗教、文化和艺术中心。

一 早期贵霜文明和佛教在犍陀罗的繁荣

中国史籍所见"贵霜"，也就是中亚和西北印度次大陆钱币铭文上所见的"Kusana"。贵霜王朝的前身应该是役属月氏的大夏（巴克特里亚）"小长"之一——贵霜翕侯。贵霜帝国的建立，某种意义上是大夏贵族的复国。

1993年发现的罗巴塔克碑铭，给出了清晰的早期贵霜王表：

Kujula Kadphises（库就拉·卡德菲塞斯，汉文"丘就却"，约30—80年在位）

Vima Takto（威玛·塔克图，汉文"阎膏珍"，约80—90年在位）

Vima Kadphises（威玛·卡德菲塞斯，约90—127年在位）

Kanishka I（迦腻色迦，约127—150年在位）

贵霜经过几代君主的经营，在公元2世纪成为一个庞大的帝国，横亘汉朝和安息之间。不但印度的大部分地区在其控制之下，它的影响力甚至越过葱岭，进入了塔里木盆地。根据《后汉书·班超传》和《后汉书·西域传》记载，永元二年（90），东汉的班超跟贵霜的七万远征军在西域大战,并且取得了胜利。不过似乎贵霜在塔里木盆地的影响力并未衰退。116年,贵霜派遣军队护送在贵霜做人质的王子臣磐返回疏勒建立亲贵霜的政权。

以往的观点认为丘就却和迦腻色迦是支持佛教的君主,而阎膏珍是支持印度教的君主。更接近事实的情况是,佛教的演进并没有因为君主的变更而受到影响。佛教从丘就却到迦腻色迦,都得到了贵霜王室的坚定支持。虽然贵霜执行宗教宽容政策,但当时正是佛教的繁荣上升期。从佛教遗迹的规模、数量以及各种文献的记载看,佛教在贵霜前半期的历史中始终占据主导的地位。相对希腊、印度、伊朗的各种神祇,佛陀并不被认为是某种"神祇"——至少在很多语境或者时段内,所以也可以理解为什么佛陀很少出现在钱币上。

图2-1 阎膏珍坐像,马土拉博物馆

图2-2

图2-4

图2-3

图2-2 威玛·卡德菲塞斯的钱币，集美博物馆
希腊铭文为"巴塞勒斯威玛·卡德菲塞斯"。背面是印度教的神祇湿婆，手持三叉戟，但其右方为佛教的三宝符号，佉卢文铭文为"大王、众王之王、世界之王、大地之王、正法的拥护者"。

图2-3 丘就却钱币，大英博物馆
正面是头戴希腊式王冠（diadem）的国王头像，退化的希腊铭文作"国王赫缪斯，救世主"，反面是手持大棒和狮皮的赫拉克勒斯形象，佉卢文铭文作"丘就却，贵霜翕侯，正法的坚定追随者"。

图2-4 布施，罗马东方艺术博物馆
贵霜王者或贵族装扮的佛教信徒布施给佛陀，佛陀身后跟着手持金刚杵的执金刚神。

第二章 贵霜帝国的王朝艺术

在汉文史料中，贵霜君主被称为"遮迦越罗"（转轮王），而出土的他们的钱币上，则称为"大王"（Maharajasa）、"众王之王"（Rajatirajasa）。"大王"或者"众王之王"，其含义跟汉文佛典中的"遮迦越罗"或者"转轮王"是一样的。所以在把佛经从佉卢文翻译为汉文时，支娄迦谶特别强调了"遮迦越罗"是"大王"，是和"小王"相对应的一个概念。在贵霜时期，佛教有关政治的理念获得了发展，除了佛——转轮王这种宗教和世俗的统治理念外，弥勒信仰兴起，填补释迦牟尼涅槃后的权威空间。作为佛教的救世主，弥勒是未来佛，为现世的人们照亮了未来的路，让大众期盼着一个理想时代的到来。这个理念此后传播开来，尤其是在东亚世界，影响深远。

丘就却的钱币上甚至出现了盘腿而坐的形象，有学者认为这是最早的佛陀像之一。塔克西拉的法王塔（Dharmarajika Stupa）、卡拉旺（Kalawan）等佛教遗迹出土了大量贵霜时代的文物。卡拉旺遗迹的一个佛典窟中发现了供奉舍利的碑文，直接说明是捐献给说一切有部，这是最早出现部派名字的碑文，时代大约是公元77年。

1914年，英国考古学家马歇尔（J. Mashall）在塔克西拉的法王塔挖掘出一件滑石制作的舍利壶，内有银盒。银盒内有舍利函和一片薄银卷轴。其铭文讲到，一个名叫乌拉萨加（Urasaka）的巴克特里亚人，将圣者的舍利供奉在法王塔的菩萨殿中，以此功德，祝愿"大王、众王之王、天子、贵霜王"健康，为诸佛、众生、父母、朋友、导师、族人、亲人以及自己祈求身体健康。这个铭文的年代是78—79年左右。有学者认为，法王塔并不是一座佛塔，而是一座转轮王塔。

据汉文文献记载，统一后的贵霜帝国非常富庶，甚至《水经注》认为它的富庶超过了中国。《水经注》卷二记载："土地和平，无所不有，金银珍宝，异畜奇物，逾于中夏，大国也。"除了农业和畜牧业，贵霜帝国最激动人心的经济活动，是基于丝绸之路的商业贸易。

图2-5 贵霜王侯立像,阿富汗国家博物馆

图2-6 丘就却钱币,刻画有盘腿而坐的形象

图2-7a

图2-7b

图2-7 a,b 塔克西拉风貌，这里曾经是人类重要的文明中心

图2-8a 图2-8b 图2-8c 图2-8d 图2-8e 图2-8f 图2-8g

图2-8 a~g 塔克西拉遗址

第二章 贵霜帝国的王朝艺术

图2-9

图2-10

图2-9 载歌载舞的场面,贵霜时代,罗马东方艺术博物馆

图2-10 手捧葡萄的贵霜供养人,3—4世纪,旧金山亚洲艺术博物馆

贵霜商人和粟特商人一起，在1—4世纪，几乎垄断了中国与外部世界的贸易。

最能反映贵霜商业繁荣的，可能是出土于当时贵霜夏都迦毕试的贝格拉姆宝藏。1922—1925年，福歇（A. Foucher）在这里发现了两座城址。1937年和1939年，哈金（J. Hackin）夫妇在新王城Ⅱ号发掘区发现了两间密室。密室门道被砖墙封堵，里面藏着一大批外来器物，这些器物来自中国、印度、罗马、希腊、埃及、腓尼基等不同地区，包括上千件象牙和骨雕，179件玻璃器，61件石膏制品，112件青铜器，还有部分陶器、铁器、漆器碎片等。这就是有名的"贝格拉姆宝藏"。

贝格拉姆宝藏保存了为数众多的玻璃制品，很多是喝酒用的酒器。玻璃在当时仍是比较奢侈的物件，这些玻璃容器上有彩绘的图案，其中一类图案是战争场面，甚至有学者认为，表现的是特洛伊等历史上有名的战争场面。令人感到惊奇的是，贝格拉姆宝藏中居然保存了大量用玻璃制成的海豚和鱼。它们生动地展现了当年丝路贸易的丰富层面。

贝格拉姆宝藏中的象牙雕板非常精美。其中一件精美的女神雕像，女神站立在摩羯鱼（Makara）之上。摩羯是印度宗教信仰中常见的一种带有神力的动物，可知这件象牙雕刻是为了吸引印度用户的眼睛。

大量佛教遗址的发现，足以证明佛教在贵霜帝国时期的地位和繁荣景象。比如有名的塔赫特巴希（Takht-i-Bahi）佛教遗址，"Takht-i-Bahi"是乌尔都语"泉水之王"的意思。这座遗址最初可能是一个琐罗亚斯德教的圣地，佛教到来之后，改宗佛教，时代大约是1世纪。遗址出土的铭文证实，早在1世纪初，这里已经是佛教中心。1864年开始的发掘发现了大量佛教文物，现在保存在大英博物馆。

图2-11 西勒诺斯青铜面具,贝格拉姆出土
西勒诺斯是畜牧神潘的儿子或兄弟,一说是盖亚的儿子或是赫尔墨斯的儿子,后来成为酒神的养育者、教师和信徒。

图2-12

图2-13a

图2-13b

图2-13c

图2-12 玻璃鱼,贝格拉姆出土

图2-13 a~c 彩绘希腊神话的玻璃容器,贝格拉姆出土,集美博物馆

第二章 贵霜帝国的王朝艺术　　083

图2-14

图2-15

图2-16

图2-14 站在摩羯鱼上的女神（水神？）雕像，贝格拉姆出土

图2-15 寺院香炉，贵霜时期，犍陀罗出土，大都会博物馆

图2-16 僧人，塔赫特巴希出土，2—3世纪，大英博物馆

图2-17a

图2-17b

图2-17c

图2-17 a~c　塔赫特巴希遗址

佛教在犍陀罗和世俗生活结合得比较紧密。比如斯瓦特的出土物中，男女情爱的场面尤其多。例如布特卡拉出土的一件拱门下的男女浮雕，体现的是当时世俗的生活场景。有些浮雕，下半截是佛陀，是神圣的宗教场面；上半截却是两情相悦的世俗爱情画面。

1833—1838年左右，英国探险家马松（Charies Masson）在阿富汗的贾拉拉巴德西部毕马兰村的一座佛塔遗址（编号2号佛塔）中发掘出一个镶嵌红宝石的舍利盒，现藏大英博物馆。盒高7厘米，出土时已经没有盖子，盒子底部中央为莲蓬纹，绕一周八瓣莲花纹。盒外壁上端和下端分别镶嵌形状不太规整的红宝石12枚和15枚，中部为8个浮雕人像，分别立于连拱门之内，可以明确为佛像的至少有2尊，其特征是，头后有圆形项光，头顶为束发肉髻，睁眼，穿通肩衣，圆领，右手在胸前施无畏印状，左手在腰间似握衣角。佛陀造像穿希腊袍服，采用希腊塑像的单足支撑态（Contrapposto）。这件舍利盒可视为犍陀罗希腊式佛教艺术的珍品。

佛教传入中国，最早的一个地方可能是塔里木盆地丝路南道的于阗。根据《洛阳伽蓝记》和《大唐西域记》的记载，大约在公元前1世纪中叶，已有迦湿弥罗的高僧毗卢折那来于阗传教。东汉永平八年（65），楚王刘英"尚浮屠之仁祠"并供养"伊蒲塞（优婆塞）、桑门（沙门）"。如果这一情况属实，则说明1世纪时，中国一些特定阶层或人物已经开始信仰佛教。

释迦牟尼在公元前486年涅槃。公元前2世纪前后，佛经在犍陀罗地区被创造出来。它的原典语言是犍陀罗语，而不是梵语。比如"昙无德""菩萨""毗耶罗""沙门"和"浮屠"等早期佛教术语，显然来自犍陀罗语。新近发现的犍陀罗语佛教文本和铭文，以及有关佛典起源和语言传承的研究，都显示中国佛教所接受的佛教文本，原本主要是犍陀罗语。早期的佛典没有文本，是口耳相传，最近的研究——比如辛嶋静志对犍陀罗语与大乘佛教的研究——证明，现在大

图2-18　女性形象，贝格拉姆出土

图2-19　女性形象，4—5世纪，柏林亚洲艺术博物馆

图2-20　贵霜供养人，3世纪，松冈美术馆

图2-21　女性供养人，丰都基斯坦出土，集美博物馆

多数学者以为的梵文佛经，实际上是几百年以来不断梵语化，不断进行错误的逆构词、添加、插入的结果。这些最早写于11世纪至17世纪的梵语写本并不是原典，而汉译佛典（大多是2世纪到6世纪，与魏晋南北朝时段几乎重合）才是最接近原典的文献，是研究者应高度重视的研究资料。

这种文字最初被称为"中古印度西北方言"，后来法国学者罗古贝里（Terrieo de Laeouperie）将其比对为汉语中的"佉卢文"。贝里建议称其为"犍陀罗语"。早在公元前2世纪，佉卢文就从犍陀罗传入巴克特里亚，又经巴克特里亚传入中亚和中国的新疆地区。现在发现的佉卢文文献包括阿育王石敕、贵霜碑铭、西域鄯善国木牍、佉卢文佛教写本等。后来随着贵霜帝国的瓦解，佉卢文逐渐在犍陀罗地区销声匿迹，但在中国新疆地区，仍继续使用了一段时间。

二 佛教对地方神祇的吸收

贵霜帝国虽然护持佛法，但是其他的宗教，包括希腊、伊朗、印度教的神祇，依然在信仰系统中扮演着重要角色。佛教对其他宗教神祇持开放态度，往往将他们改头换面，纳入自己的万神殿，按照佛教的逻辑重新解释。

通俗来讲，般阇迦（Pāñcika）和诃利谛（Hāritī）这一对夫妇神是犍陀罗地区的财神。在后来的佛教文献中，般阇迦被描述为夜叉，而诃利谛则被描述为吃小孩的夜叉女鬼，在汉文文献中被意译为"鬼子母"。大英博物馆藏的般阇迦和诃利谛组合像，般阇迦手捧水钵，象征聚敛财富，而诃利谛手持丰饶角，象征物产丰饶（引申为子女繁盛）。在两人之间，有一个形象正将小袋的金银放进般阇迦的水钵中——体现了般阇迦财神的形象。在商业发达、商人聚集的犍陀罗地区，对财富的追求是犍陀罗民众期盼的事情。作为丝绸之路上的重要城市，对物质和财富的追求也带来了对般阇迦和诃利谛夫妇财神的信仰和崇拜。

般阇迦和诃利谛信仰出现最早和最流行的地区就是犍陀罗地区。鬼子母的形象，早在1世纪，就在犍陀罗和巴克特里亚地区出现了。尽管很多佛教文献都清清楚楚地记载，释迦牟尼收服鬼子母的地方，是在王舍城。但是玄奘将此事发生的地点记录为犍陀罗。玄奘西行中专门巡礼了佛陀收服鬼子母的圣迹。他在《大唐西域记》中记载："（健驮罗国）梵释窣堵波西北行五十余里，有窣堵波，是释迦如来于此化鬼子母，令不害人，故此国俗祭以求嗣。"

犍陀罗艺术中的这对夫妇神，不论是图像元素还是艺术风格，都深受希腊文化传统的影响，或许还受到伊朗系文明的影响。诃利谛在犍陀罗雕塑中的形象，几乎都是典雅高贵的希腊女神形象。她作为凶恶的外道女鬼皈依佛教的故事，可能是后来佛教徒编造的。

图2-23

图2-22

图2-24

图2-22　鬼子母，2—3世纪，高92厘米，西克里出土，拉合尔博物馆

图2-23　手持丰饶角的鬼子母，塔克西拉博物馆

图2-24　鬼子母，镀金银质，大都会博物馆

图2-25　鬼子母立像，白沙瓦博物馆

图2-25

图2-26 般阇迦,拉合尔博物馆

图2-27 般阇迦,白沙瓦博物馆

在般阇迦和诃利谛同时出现的夫妇神雕塑中，诃利谛一般都手捧丰饶角。丰饶角的符号来自希腊神话中代表哺乳宙斯的羊角，里面装满了鲜花和水果。至今在西方文明中，丰饶角仍象征着富饶和感恩。希腊的丰收女神提喀（Tyche）和命运女神福尔图娜都可能对诃利谛的形象有影响。

般阇迦接近于伊朗系神灵系统的财神富罗（Pharro）。他们穿戴相似，都戴着鸟翼冠，两个翅膀呈现"Y"形。两人都持枪和钱袋（水钵）。佛教神灵的般阇迦和诃利谛可能也借用了伊朗系神灵系统的某些元素。

般阇迦和诃利谛这对夫妇神经常作为释迦牟尼佛的随侍出现。马尔丹县有名的塔赫特巴希（Takht-i-Bahi）窣堵波发现的般阇迦和诃利谛石雕，就是位于佛陀左侧。两人并排而坐，很像一对信仰佛陀的贵族夫妇供养人。迦毕试出土的有名的大神变浮雕，佛陀两侧的方形龛中，对称刻画了一位手持长方形物品的般阇迦和一位手持丰饶角的诃利谛。佛教吸收了诃利谛这一形象，为佛教在当地的发展开辟了道路。在塔赫特巴希出土的诃利谛神像雕刻中有的刻着祈祷死去的爱子升天和祈愿守护活着的孩子们的愿文。

另一个例子是印度战神塞建陀（Skanda）形象在犍陀罗艺术中的兴起。塞建陀是湿婆之子，也是印度教的战神。汉文文献认为韦陀的原型就是塞建陀，犍陀罗艺术中，其形象却是作为保护寺院和佛法的武士而出现。

图2-28

图2-28 般阇迦与诃利谛,白沙瓦博物馆

图2-29 般阇迦与诃利谛,2世纪,加尔各答印度博物馆

图2-29

图2-30 马尔丹佛教遗址

图2-31 塞建陀,大英博物馆

第二章 贵霜帝国的王朝艺术 095

三　迦腻色迦的政治、信仰与艺术表现

迦腻色迦无疑是人类历史上最伟大的君王之一。其首都位于布路沙布逻，即今巴基斯坦白沙瓦。这里也是犍陀罗文明的中心，汉文史料中的"罽宾"，很多时候指的就是这里，而不是通常认为的克什米尔。对玄奘而言，迦腻色迦就是犍陀罗之王。在贵霜帝国疆域内，存在数量众多的佛教寺院和其他宗教的中心。

有关迦腻色迦的文献记载，信息繁杂，彼此矛盾。1993年，在罗巴塔克地区的一座山丘上发现了罗巴塔克铭文，正面用希腊文书写，背面用巴克特里亚语。根据新的证据，现在学者比如福尔克（Harry Falk），将迦腻色迦元年定为公元127年，那么他的统治时间大约是127—150年。

图2-32 佛陀坐像，狮子座，2—3世纪，柏林亚洲艺术博物馆

图2-33 莫拉都(Mohra Moradu)寺院遗址

图2-34 罗巴塔克铭文

迦腻色迦在汉文史料里，名字被翻译为"迦尼伽""迦尼色伽""罽腻伽""真檀迦腻咤"等。还有用"犍陀罗王""罽宾王""月氏王"等头衔称呼这位伟大君主的。汉文佛教文献中留下了很多关于他的记载。唐玄奘记载，迦腻色迦的影响力跨过葱岭，深入塔里木盆地，乃至"河西蕃维，畏威送质"。对于河西送来的人质，迦腻色迦让其冬居印度诸国，夏还迦毕试，春秋两季则住在犍陀罗。三处地方，都建佛寺。玄奘还参观了当时尚遗存的、由中国人质捐建的佛教寺院。

图2-35

图2-35　犍陀罗壁画，阿富汗国家博物馆

图2-36　佛像细部及佉卢铭文，3—4世纪，平山郁夫丝绸之路美术馆

图2-36

图2-37 焦里安遗址装饰佛像,塔克西拉

在迦腻色迦时期，在迦湿弥罗曾举行过佛典的第四次结集。胁尊者召集500高僧，世友为上首。这次结集使经、律、论三藏各成10万颂，共960万言。当东印度佛教已不是那么兴旺的时候，西北印度的富楼沙却成了佛教的中心。

在迦腻色迦的钱币出现的佛像主要有三种，立佛、释迦牟尼佛和弥勒佛。带有弥勒形象的迦腻色迦钱币反映了佛教救世主主义在贵霜的流行。

但是迦腻色迦保存至今的图像资料，都是军事贵族打扮。比如马土拉出土的迦腻色迦雕像。君主手持大棒和宝剑，全副武装。铭文云："大王（Mahārāja）、众王之王（Rājatirāja）、天子（Devaputra）迦腻色迦"。

跟迦腻色迦手持重棒、宝剑相比，其父威玛·卡德菲塞斯是坐在王座（由狮子形象装饰）上，根据惯常的艺术表现形式，他很可能右手举着鲜花——或许是供佛之用。

迦腻色迦金币上的君主形象及轮廓跟马土拉博物馆藏的迦腻色迦塑像具有高度的相似性，具有一定写实的特点。迦腻色迦钱币非常丰富，钱币上有佛教、印度教、希腊、伊朗甚至其他文明的神祇，体现了当时贵霜的宗教宽容和融合政策。最初他的钱币使用希腊文和希腊神祇，后期的钱币使用大夏语，希腊神祇被伊朗系神灵取代。贵霜君主表现自己神圣性的做法，早期是双肩发出火焰，后来背光取代了火焰。双肩出火的做法，被佛教吸收，尤其是在迦毕试地区，佛像也双肩发出火焰，借用君主的特征来加强佛陀的神圣性。

图2-38

图2-39

图2-38 犍陀罗风景

图2-39 犍陀罗佛教寺院旁静静流过的河水

图2-40 迦腻色迦雕像,高1.85米,2世纪,马土拉博物馆

迦腻色迦裙摆中间的铭文云"大王、众王之王、天子迦腻色迦"。这一头衔显示他作为统一君主的身份,也或许标志其转轮王的身份——转轮王即统一君主,而不是分裂政权的小王。

四　迦腻色迦重塑佛教中心：雀离浮图与青铜舍利函

迦腻色迦统治时期，正式将首都迁到了布路沙布逻。布路沙布逻在迦腻色迦的经营之下，不但是政治中心，也被打造成佛教中心，佛钵等重要的佛教圣物被转移到这里。在中国魏晋南北朝时期，巡礼佛钵等圣物及圣迹是西行求法僧人的一项重要活动。

除了将佛钵从佛陀故地运到这里安置之外，迦腻色迦还建造了可能是当时最为高大恢宏的纪念碑性建筑——迦腻色迦大塔。这座位于布路沙布逻的佛教建筑对遥远的中国本土也产生了深远影响，它频繁地以"雀离浮屠""雀离浮图""雀离佛图"等名字出现在汉文典籍中。来自东土西行求法或巡礼的中国僧人从阿富汗的高山上下到犍陀罗平原时，首先看到的就是这座令人震惊的宏伟高塔。法显赞叹道："凡所经见塔庙，壮丽威严，都无此比。传云，阎浮提塔，唯此塔为上。"玄奘于634年抵达这里的时候，雀离浮图仍在。此后随着佛教从中亚消失，广为中土所知的雀离浮图也逐渐离开了世人的视野，直到20世纪初再次被发现。

早在1875年前，康宁汉就预测了雀离浮图的位置。1909年9月和1910年11月，司鹏纳（D. B. Spooner）博士带队在白沙瓦的沙琪基泰里发掘迦腻色迦大塔遗址，它的东面出土法王或转轮王葬塔及其造塔记。这座大塔从发掘的情形看，呈现十字的外观，直径达87米，据玄奘记载，可能高达180—200米，是在印度和中亚发现的最大的佛塔。雀离浮图的底座周边装饰着繁复壮丽的灰塑图景[1]。

发掘者从塔基底座正中的地宫中果然发现了迦腻色迦舍利函。其

---

[1] D. B. Spooner, "Excavations at Shāh-ji-Dherī", *Archaeological Survey of India*, 1908-9, p. 49; John H. Marshall, "Archaeological Exploration in India, 1908-9", Section on "The Stūpa of Kanishka and Relics of the Buddha", *Journal of the Royal Asiatic Society*, 1909, pp. 1056-1061.

铭文为佉卢文，意思为："为了接受说一切有部（Sarvāstivādin）诸师，此香函为迦腻色迦大王（Mahārāja）供养的功德礼物……在迦腻色迦城。以此功德祝愿众生福德圆满……迦腻色迦大寺（Kanishka's vihāra）饭厅建造的主持者……"[1]

迦腻色迦舍利函的主体部分表现的是贵霜的君主，很可能就是迦腻色迦本人。在其身旁护持的是伊朗系的日神和月神。持花环童子装饰着整个舍利函的主体部分，呈现鲜明的希腊化风格，象征着丰饶、生命以及再生的荣光。舍利函的盖子边缘装饰了一圈飞翔的桓娑（Hamsa），一些桓娑嘴上噙着象征胜利的花环，象征着从六道轮回中跳脱，这也是佛教基本理想之一。

大约在147年（桓帝建和元年）前后，著名的贵霜译经僧支娄迦谶到达洛阳，开始译经和传教事业。佛教传入中国，是跳过了很多没有佛教的地区，直接到了中国的核心地区洛阳，然后以洛阳为中心开始四处传教。这与当时商业活动的规律相符合。

支娄迦谶所译《般舟三昧经》卷一已经涉及阿弥陀佛信仰。在葛文多-那噶（Govindo-Nagar）发现的一座雕像的基座上，出现了阿弥陀佛的字样。根据铭文，这座雕像制作于胡毗色迦统治的第28年，是一个商人家族献给阿弥陀佛的礼物。出土的贵霜文物和汉文译经的记载，都证明阿弥陀佛信仰在2世纪已经流行于贵霜帝国，并且在2世纪下半叶由贵霜僧人支娄迦谶介绍到汉朝。

名字前面冠以"支"姓的"西域人"，基本都是贵霜人或汉文史料中的"大月氏人"。贵霜僧人或优婆塞，以传法为志业，在早期佛教译经事业中几乎占据了半壁江山。竺法护，虽然冠以"竺"姓，但并不来自印度，而是来自贵霜。安世高，虽然冠以"安"姓，其实也

---

[1] 有关铭文比较好的翻译，参看 Harry Falk, "The Inscription on the So-called Kanishka Casket", Appendix, in Errington, 2002, p.113。

图2-41a

图2-41b

图2-42

图2-41 a,b　迦腻色迦大塔塔基细部照片，装饰着禅定的佛陀，大英图书馆

图2-42　迦腻色迦青铜舍利函，白沙瓦博物馆

第二章　贵霜帝国的王朝艺术

是来自贵霜属地，当时都在贵霜的统治之下。

胡毗色迦的继承者韦苏提婆（Vasudeva I，约191—232年在位）应该是贵霜帝国最后一位统一王朝的君主。根据《三国志·魏书·明帝纪》的记载，在太和二年（228）十二月癸卯，大月氏王波调遣使奉献，被曹魏封为亲魏大月氏王。"韦苏提婆"是后来学者给他的梵文拼音，在佉卢文中他的名字是"BAZOΔHO"（Bazodeo），汉语读音接近"波调"。

在韦苏提婆统治下，贵霜衰落了，佛教东传仍在持续不断进行。佛教教团为寻找新的佛土，把希望寄托到了东方。

图2-43 a

图2-43 a,b 佛陀立像，白沙瓦博物馆

图2-43 b

图2-44　韦苏提婆钱币，背面是印度教湿婆神

图2-45　立佛，黄铜，6世纪晚期，大都会博物馆

图2-46 坐佛，泥塑，塔克西拉博物馆

五　犍陀罗艺术中的佛钵：宗教、政治符号及传法信物

2014年，印度要求阿富汗归还被置放在喀布尔阿富汗国家博物馆入口处的佛钵。这件佛钵，在19世纪被重新发现，曾引起英国学者康宁汉（Alexander Cunningham）等人的关注。塔利班当权时，很多佛教文物被毁，但这件器物因带有伊斯兰铭文而躲过浩劫。据历史记载，佛钵被贵霜君主迦腻色迦在2世纪前半期从毗舍离（Vaiśālī）或华氏城（Pāṭaliputra）抢到贵霜首都布路沙布逻（Puruṣapura，即弗楼沙）。这也是现在印度要求阿富汗归还的"历史依据"。

今人很难想象，在魏晋南北朝时期，这件圣物在中国的宗教政治世界持续地产生了重要影响。据慧皎撰《高僧传》，东晋兴宁三年（365）四月五日，襄阳习凿齿致书高僧道安，信中云："自大教东流四百余年，虽蕃王居士时有奉者，而真丹宿训，先行上世，道运时迁，俗未会悟。自顷道业之隆，咸无以匹。所谓月光将出，灵钵应降，法师任当洪范，化洽幽深。"[1] "月光将出，灵钵应降"事关弥勒信仰的重要层面，也关涉佛教理想君主转轮王的基本观念。释迦涅槃之后佛法经历了法灭尽的危机，释迦的佛钵最后传到弥勒的手中，象征弥勒承继释迦的正法，佛法得到恢复，作为佛教理想君主的转轮王，因此被赋予了供养佛钵的责任和角色。正如佛教文献等反复提到的，佛钵所到之处，君民安乐，佛钵消失，人类社会则陷入灾难[2]。

---

[1] 梁会稽嘉祥寺沙门释慧皎撰《高僧传》卷五《释道安传》，《大正藏》第50册，第352页中—下。西明寺沙门释道世撰《法苑珠林》卷一六也引述此信，所引部分内容一致，《大正藏》第53册，第406页下—407页上。

[2] 有关佛钵在犍陀罗艺术中的表现，参看 Kurt A. Behrendt, *The Art of Gandhara in the Metropolitan Museum of Art*, Behrendt, 2007, p.53; John M. Rosenfield, *The Dynastic Arts of The Kushans*, Berkeley and Los Angeles, University of California Press, 1967, pp.222–223; 等等。

图2-47

图2-48

图2-47 佛陀立像，4世纪，维多利亚和艾尔伯特博物馆
立像台座上雕刻的就是礼敬佛钵的场景

图2-48 礼敬佛钵，片岩浮雕，3世纪，拉合尔博物馆
浮雕一共三层，最内一层是初转法轮，第二层是燃灯佛授记，最外一层是礼敬佛钵。整个浮雕表现的是授记思想

佛钵作为佛教的重要符号和标志,屡屡出现在犍陀罗佛教艺术中,且往往跟弥勒信仰联系在一起。而在中文文献中,关于佛钵的记载也非常丰富,一方面是中古时代西行求法高僧礼拜佛钵的记录,另一方面是佛教关于佛钵作为传法信物的观念深入人心[1]。

东京国立博物馆所藏的一件2世纪的犍陀罗浮雕或许正反映了这一史实。这件浮雕上,两个贵霜装束的人试图抬起佛钵。

佛教的未来救世主是弥勒,而非教主释迦牟尼本身。弥勒信仰在中国的兴起,大致在南北朝时期,典型的标志是弥勒诸经的出现。根据这些经典,弥勒菩萨将在五十六亿万年后,继释迦而在此土成佛,仍然号"弥勒",即所谓"未来佛"或者"新佛"。

---

[1] 有关图像资料论证佛钵与弥勒继承正法关系密切的研究很多,比如宫治昭著,李萍、张清涛译《涅槃和弥勒的图像学》,文物出版社,2009年,第501页;Rowland, "Bodhisattva or Deified Kings: A Note on Gandharan Sculpture", *Chinese Art Society of America Archive*, Vol.15, 1961, p.6, Fig.1;李静杰《佛钵信仰与传法思想及其图像》,《敦煌研究》2011年第2期,第41—52页。

图2-49 弥勒立像,台座是供养佛钵的场景,拉合尔博物馆

图2-50

图2-51

图2-50 礼敬佛钵，集美博物馆

图2-51 礼敬佛钵，拉合尔博物馆

第二章 贵霜帝国的王朝艺术　　113

第三章

III

佛本生故事和佛传故事在犍陀罗的再造

佛陀本生故事和佛传故事是犍陀罗佛教艺术的重要主题。根据出土的犍陀罗浮雕来看，这些故事很可能是由大乘佛教的知识分子为了宣教而不断创作和宣扬的。佛教在犍陀罗地区的新发展，推动了佛本生故事和佛传的流传。这些故事里，可能增加了很多犍陀罗当地的传统习俗元素。有些故事应是民间故事的改头换面，通过家喻户晓的民间传说宣扬佛陀的教义和精神。

相对佛本生故事浮雕，佛传浮雕在犍陀罗艺术中占据了更大的比重。几乎每一个宗教都对描述自己传教先驱的事迹倾注了巨大的心血，释迦牟尼的人生经历，他的出生、成道、传法、涅槃，不仅是佛陀自己的"发家史"，也是佛教神圣历史的一部分，也是理解佛教精神的重要线索，甚至具备"经"的神圣性。正是因为释迦牟尼出现在世间，众生的命运才发生了根本性的改变。佛传故事的塑造和艺术呈现，不仅是对佛陀个人的缅怀，也是对整个佛法精神的敬畏和虔敬。

一 轮回到犍陀罗的佛陀前世：犍陀罗艺术中的佛本生故事

佛教的生命观以轮回为核心理念，佛陀之所以成为佛陀，是他经历了累世的修行，积累了无尽的功德。本生（Jātaka）就是佛陀前生的故事，是记载释迦牟尼在过去轮回中修行菩萨道的事迹。在汉文佛经中，这个词被翻译为"阇多伽""阇陀"，又意译为"本生经""本生谭""本缘"等。

佛本生故事有一个不断构建增加的过程。随着佛教在犍陀罗地区的流传，吸收当地的民间传说，不断增补，最后形成了现在的规模。有些本生故事在印度本土并不流传。

犍陀罗艺术中的佛本生故事，强调最多的是施舍的精神。这是大乘佛教的一个重要改变：除了通过苦修能够得到解脱外，施舍也是重要的修行法门。这给更多的社会阶层，比如商人，打开了一扇修行的

图3-1 大隧道本生,犍陀罗,洛杉矶县立艺术博物馆

大门，为佛教吸引了大量的追随者。

根据文献记载和考古成果推断，曾经在犍陀罗地区流行的佛本生故事至少包括燃灯佛授记、睒子本生、尸毗王本生、六牙象本生、摩诃萨埵那舍身饲虎本生等。公元4世纪，中国西行求法高僧法显到访犍陀罗地区，记载了他在犍陀罗见到的四则本生故事浮雕。这四个本生故事有个共同点，就是其发生地点（圣迹），都在大犍陀罗地区。

布施的最高境界是舍己为人，尸毗王本生就是这样的一个典型。关于尸毗王舍身的故事有多个版本。《贤愚经》卷一和《菩萨本生鬘论》都有详细描述：释迦牟尼前世为尸毗王，为了拯救被老鹰追杀的鸽子，尸毗王"即取利刀自割身肉，持之与鹰，贸此鸽命"。这一主题，在犍陀罗艺术中有生动的表现。

北魏时，据《洛阳伽蓝记》记载，宋云等曾奉命专门到犍陀罗地区巡礼尸毗王本生圣迹。北魏254窟北壁前部也画有尸毗王本生故事，内容更加生动，增加了鹰追鸽子，鸽子向尸毗王求救的细节，并且在尸毗王割肉过程中，有眷属痛哭的场景。相比已发现的犍陀罗浮雕，情节演进更加具体，细节更加丰富，是敦煌莫高窟不可多得的艺术珍品。

中国历来提倡孝行。二十四孝的故事，一度在民间广为流传。二十四孝故事中，有一个是睒子鹿乳奉亲。这则儒家二十四孝的故事实际上来自佛教。西晋圣坚译《佛说睒子经》就讲述了这一故事。在犍陀罗，我们也看到了这一主题的浮雕。据玄奘《大唐西域记》的记载，故事发生在犍陀罗："（健驮罗国）化鬼子母北行五十余里，有窣堵波，是商莫迦菩萨恭行鞠养，侍盲父母，于此采果，遇王游猎，毒矢误中。"商莫迦菩萨，就是我们通常所说的睒子。因其恭行菩萨道，所以被称为菩萨。

受到犍陀罗艺术的影响，有关睒子本生的艺术题材也跟着东进，敦煌莫高窟第299窟的壁画中，国王骑马拉弓，睒子在汲水，旁边饮

图3-2

图3-3

图3-2 尸毗王本生，片岩浮雕，2—3世纪，大英博物馆

画面中央一个人持秤，正在度量鸽子和尸毗王割下的肉的重量。左边一个王者形象的人，坐在华盖之下，左手搭在侍女的肩上，侍女搀扶着他，即为尸毗王。尸毗王左腿抬起，其下方一个人手持尖刀，正在割取上面的肉。一个鸽子躲在尸毗王的脚下，寻求保护。上方有一老鹰，已损毁。右侧两个人物形象都有背光，其中一个手持金刚杵，应该是帝释天，另外一个是毗首羯摩天。场景中所有人都注视着尸毗王，似乎空气凝滞了，尸毗王的痛苦和志求菩提的决心，被完美地表现出来。

图3-3 睒子本生，白沙瓦博物馆

画面中，国王射出的箭正中睒子胸口。可能是供奉型窣堵波的装饰构件。

水的鹿群惊醒，狐狸探视，异常生动，是北周壁画的代表作。

如果说睒子本生是从正面推崇孝道的话，犍陀罗艺术中的弥兰本生则是从反面提倡孝道。弥兰本生故事主要的情节是：释迦牟尼前世未成道的时候，是个名叫弥兰的商人，非常不孝顺，被鬼吏捉住，遭受铁轮走顶的痛苦。最后佛陀总结，"不孝父母师，车轮践之，当如弥莲（弥兰）矣"。从犍陀罗的斯里巴哈劳尔（Sahri Bahlol）等地出土的浮雕残片，生动地描述了弥兰的出海经商之旅以及因不孝受到惩戒的故事。

另一个被改造到犍陀罗的故事，是独角仙人（Ṛsyaśṛnga）的故事。7世纪初，玄奘西行求法，在犍陀罗地区听闻此故事。在其《大唐西域记》有关犍陀罗的记载中，他写道：从健驮罗国的弹多落迦山（Dantaloka-giri），"西北行百余里，越一小山至大山。山南有伽蓝，僧徒鲜少，并学大乘。其侧窣堵波，无忧王之所建也。昔独角仙人所居之处。仙人为淫女诱乱，退失神通，淫女乃驾其肩而还城邑"。独角仙人的故事原见《罗摩衍那》，但是显然，根据玄奘的记载，犍陀罗地区的民间说法已经把独角仙人本生故事发生的地方认定为犍陀罗。塔克西拉博物馆和加尔各答印度博物馆所藏独角仙人浮雕只保留了前半部分：独角仙人的父亲——一个婆罗门仙人——在草庐前苦修，怀孕的母鹿生下独角仙人。

佛本生故事中有很多是关于爱情、背叛、嫉妒等内容的。在犍陀罗艺术中，此类主题并没有因为与佛教抛却尘缘的精神不符而被摒弃。比如阿玛拉本生，讲的是美丽的阿玛拉用智慧惩罚骚扰她的邻居的故事。

六牙象本生浮雕则是讲了一个因嫉妒生恨的故事。根据《杂宝藏经》描述，佛陀在前世曾经是一头六牙白象。他的小夫人因为嫉妒，转生为梵摩达王的王妃，让猎人去猎取六牙白象的象牙。白象死前得知缘由，布施象牙，愿将来可以祓除众生的贪嗔痴。

图3-4

图3-5

图3-4 弥兰本生,白沙瓦博物馆
在表现弥兰遭受铁轮走顶惩罚的场景中,弥兰双手扶铁轮,旁边一人手持大棒,似乎是汉文文献中描述的鬼吏。

图3-5 独角仙人本生,拉合尔博物馆
画面中,扇陀已经征服独角仙人,骑在他的脖子上回到城中。

图3-6

图3-7

图3-6 阿玛拉本生,2—3世纪,17.79厘米×47.02厘米,斯里巴哈劳尔出土,白沙瓦博物馆

图3-7 六牙象本生,拉合尔博物馆
浮雕具有中印度艺术特点,从左到右,故事情节依次展开,手法简洁明快,具有世俗化的特点。现存四个场景,白象站在树下,隐藏的猎人举弓欲射;白象早有觉察,自己跪下,让猎人锯掉象牙;猎人将象牙献给王后;再后面有所残缺,或许是王后心脏破裂而死。

犍陀罗本生故事浮雕中有一类主题跟迦楼罗有关。迦楼罗（Garuḍa），一般称为金翅鸟或大鹏金翅鸟，又译"揭路荼"。

在犍陀罗艺术中，迦楼罗经常被描述为跟龙争斗的形象。最常见的迦楼罗形象，是他搂持一个女性。这个故事，讲述的是卡卡蒂本生故事，在这个故事里，迦楼罗王拐走了波罗奈国（Benares）的卡卡蒂王后。

犍陀罗佛本生浮雕中，表现最多的主题是布施。布施自己的身体和生命，除了前文提到的尸毗王本生，另一个典型的例子是摩诃萨埵那舍身饲虎本生；而布施自己的财物，最极致的例子是须大拿本生，故事中须大拿布施财物、车马、衣服，甚至妻儿。摩诃萨埵那的舍身饲虎故事，在中亚和东亚都非常流行，奇怪的是，在南传佛教中却不见这一主题的任何文字记载和图像。种种迹象标明，这个故事的发源地是犍陀罗。

北凉法盛译《菩萨投身（饴）饿虎起塔因缘经》在文末记载了摩诃萨埵那太子舍身饲虎的故事发生在犍陀罗，国王为其修建了名为"菩萨投身恶虎塔"的窣堵波。据法盛描述，当地人凡是有病的，就到该塔礼拜供养。

这个主题在东亚流传甚广，敦煌莫高窟一共有15幅舍身饲虎壁画，最早的是北魏254窟。日本奈良法隆寺的"玉虫厨子"（飞鸟前期，即7世纪中叶）上，也绘有舍身饲虎的场面。2008年在南京长干寺地宫出土的鎏金七宝阿育王塔（1011年造）上，也有舍身饲虎的图像。

须大拿本生题材分布也极为广泛。较早的汉文译经是十六国时期圣坚译《须大拿太子经》（《大正藏》第3册）。在此经中，须大拿是叶波国国王湿波之子。叶波国，即犍陀罗。玄奘在《大唐西域记》中记载：犍陀罗跋虏沙城城北，有窣堵波（佛塔），是须大拿太子（唐言善牙）以父王大象施婆罗门处；跋虏沙城东门外有窣堵波，是

图3-8 迦楼罗拐走王后,片岩浮雕,33.3厘米×25.1厘米,贵霜时期,大都会博物馆
博物馆题为"迦楼罗消灭龙种",但其实是佛本生故事。在这幅雕像中,迦楼罗已化身为一只金翅鸟,不但鸟首,身体也是鸟形。图中,身形巨大的迦楼罗将身材婀娜的王后抱在身前,这种造型在犍陀罗浮雕中常见。除了站在他身前的王后,还有两个男性形象分别位于其羽翼之下。

图3-9 迦楼罗拐走王后,白沙瓦博物馆

图3-10 迦楼罗拐走王后,维多利亚和艾尔伯特博物馆

图3-11 迦楼罗拐走王后,白沙瓦博物馆

婆罗门求施须大拿太子儿子女儿后贩卖的地方；"跋虏沙城东北二十余里至弹多落迦山，岭上有窣堵波"，是太子施舍子女给婆罗门的地方。在玄奘的时代，这一本生故事的发生地，也被认定为犍陀罗。

犍陀罗浮雕中有大量关于须大拿本生故事的作品，大英博物馆、塔克西拉博物馆以及白沙瓦博物馆都藏有须大拿本生浮雕残片。大英博物馆所藏的须大拿本生浮雕包括四幅，很可能是佛教建筑阶梯上的浮雕。四块浮雕依照时间演进顺序描绘了四个场景：太子布施战象须檀延给敌国，流放途中施舍财物，林中苦修，布施儿女给婆罗门。

图3-12 须大拿本生，波士顿博物馆
浮雕残破，仅存右边部分，装饰有坐佛，画面中一个人手牵战象的鼻子，似乎是将其布施给请求施舍的婆罗门。

图3-13a

图3-13b

图3-13c

图3-13d

图3-13 a~d 须大拿太子本生,大英博物馆

128 图说犍陀罗文明

二 将释迦牟尼的生命历程开端定在犍陀罗：燃灯佛授记

佛本生故事转向佛传故事的转折点是燃灯佛为未来的释迦牟尼佛授记，即预言后者将在未来成为新的佛。这个时间逻辑也发生在弥勒信仰中——弥勒被认为是未来的新佛，而为他授记的是释迦牟尼佛。这也解释了为什么反映弥勒信仰的佛教浮雕中会出现燃灯佛授记的场景。这两者所反映的宗教信仰是一致的。一方面，燃灯佛授记开启了释迦牟尼成佛后的时代，给释迦牟尼在时空里找到了某种确切的定位，增加了宗教吸引力。另一方面，弥勒授记也是从燃灯佛授记接续的，过去已经成功的授记，为弥勒授记提供了历史合法性。

燃灯佛授记，既可以被视为佛本生故事，也可以被视为佛传故事的开端。在犍陀罗佛教艺术中，燃灯佛授记非常重要，在犍陀罗现在所保存的本生浮雕中，其数量之多也令人惊讶。

图3-14 燃灯佛授记，斯瓦特地区，2世纪，大都会博物馆

令人奇怪的是，这一佛教艺术主题在印度本土并不存在，在犍陀罗地区尤其是贾拉拉巴德和迦毕试地区却发现很多。这说明有关燃灯佛为释迦菩萨授记的观念和信仰，曾在这一地区非常盛行。其实，燃灯佛授记这一观念带有强烈的地方色彩。

燃灯佛在过去世为释迦菩萨授记，这一故事的主角实际上不是燃灯佛（Dipankara），而是释迦牟尼的前世儒童（Sumati）。在《佛本行集经》卷三中，燃灯佛授记的故事，是通过释迦牟尼自己的嘴讲出来的："时燃灯佛……从外来入莲花城中。我时贵此七茎莲花，遥见佛来，渐渐至近……我时即铺所有鹿皮，解发布散，覆面而伏，为佛作桥。一切人民，未得践过……时燃灯佛告比丘言：'此摩纳婆，过于阿僧祇劫，当得作佛，号释迦牟尼……'"[1]

燃灯佛授记的故事情节，汉文佛经的记载，和犍陀罗浮雕的表现，几乎是一致的。犍陀罗的燃灯佛授记浮雕，多采用一图多景的表现手法——在同一个画面中，燃灯佛只出现了一次，而故事情节则有多个。一般来说，犍陀罗的燃灯佛授记浮雕，主要包括四个情节：买花、献佛、布发掩泥、升空。以燃灯佛为中心，通过儒童经历的四个情节，从左往右排列，呈现时间演进的次序。出自犍陀罗西克里（Sikri）的浮雕是具有代表性的作品。犍陀罗这一主题浮雕的主要图像特征，一个是将头发铺在地上让燃灯佛踩过的儒童形象，一个是五朵莲花驻留在空中不落下来。

佛教典籍中有关燃灯佛授记的地点，也被比附于贾拉拉巴德地区，玄奘时代称为那揭罗曷国（Naharahara）。《大慈恩寺三藏法师传》称其城为灯光城（Dipankara），或许与燃灯佛授记思想有关。玄奘在西行求法途中经过此地，也描述了燃灯佛授记的圣迹。《大唐西域记》卷二记载，在其城东二里，有高达三百余尺的窣堵

---

[1]《大正藏》第 3 册，第 667 页下。

图3-15

图3-16

图3-15 燃灯佛授记（儒童布发掩泥），拉合尔博物馆

图3-16 燃灯佛授记（儒童布发掩泥），大英博物馆

波，是燃灯佛为释迦牟尼授记的地方。后来无忧王（阿育王）在这里修建佛塔纪念。在它的南边有一个小的窣堵波，根据玄奘的记载，正是昔日儒童布发掩泥的地方。城西南十余里一处窣堵波，则是儒童买莲花的地方。而在燃灯佛为释迦佛授记的地方，玄奘绕塔礼拜，表达了他的崇敬之情。

贵霜时期，迦毕试（今贝格拉姆）为其夏都。而从目前知道的佛教浮雕来看，迦毕试样式似乎特别喜欢"授记"的艺术主题。原喀布尔博物馆藏有多尊此类佛像。迦毕试样式一般是威严的正面造型，佛像巨大，占据画面的中心，且带有双神变的异相——佛陀双肩发出火焰，脚下出水。迦毕试的燃灯佛授记，突出的是授记的画面。

燃灯佛授记题材的浮雕中，有时候会出现礼拜"佛钵"的情景。有的是在燃灯佛授记浮雕的基座上，雕刻着众人礼拜佛钵的情景。有的是在燃灯佛授记场景当中，有手捧佛钵的人物形象。这些都跟弥勒授记联系在一起。

近年来在阿富汗艾娜克（Mes Aynak）发现的一块佛教浮雕，也是燃灯佛授记，而且给我们提供了很多新的信息。

艾娜克，在普什图语中是"小铜矿"的意思。佛教遗址位于阿富汗首都喀布尔东南38公里处的一块荒芜的土地上。在这里，发现了400多座佛塔、佛像以及百余英亩的佛教寺院群。艾娜克出土的最早的钱币属于迦腻色迦（约127—150年在位）。可能正是在这位贵霜君主统治时期，艾娜克繁荣起来，成为矿业中心和佛教中心。

在艾娜克出土的精美壁画、高质量的钱币、泥塑佛像和菩萨像、佛教石雕都清楚地显示，这里跟同时代的佛教中心哈达、巴米扬等地一样，不但是当时的经济中心，而且是佛教艺术的中心。犍陀罗曾经是人类文明的十字路口，来自希腊、波斯、印度的不同信仰和艺术在这里交汇。艾娜克的考古发现，唤起了其作为犍陀罗经济中心和信仰中心以及中亚丝绸之路重要节点的历史记忆。艾娜克的地理位置非常

图3-17

图3-18

图3-19

图3-17　窣堵波，艾娜克遗址

图3-18　坐佛，艾娜克遗址

图3-19　菩萨立像，艾娜克出土，阿富汗国家博物馆

特殊，跟大犍陀罗地区的重要文明点都相距不远。沿着丝路商队或者中古时代西行巡礼的中国僧人的脚步，从艾娜克出发，往东就是保存了众多佛陀遗物的那揭国（即贾拉拉巴德），进入白沙瓦平原，就到了贵霜帝国的都城布路布不逻，也就是中国文献中的弗楼沙和今天巴基斯坦的白沙瓦，往西就通往巴米扬，可以看到那里的两座巨佛。

艾娜克成为犍陀罗地区的经济中心、信仰中心和艺术中心，不同于巴米扬、迦毕试等地的重要原因，是它的经济形态。跟巴米扬和迦毕试不同——两者的繁荣与丝路贸易紧密相关——艾娜克的繁荣主要是铜矿开采带来源源不断的收入。

艾娜克出土的佛教艺术品中，包括大量精美的泥塑佛像，有的高达四五米，仍残留各种颜色的彩绘痕迹。甚至还包括一座高20厘米的木雕佛坐像，这是至今唯一保存完整的犍陀罗木制坐佛，佛陀结跏趺坐，施无畏印，端坐于莲花座上。但是对笔者而言，最感兴趣的是艾娜克出土的一块燃灯佛授记题材的浮雕，镀金彩绘，高41厘米，宽25厘米，时代大约属于3—5世纪。这一片岩浮雕，是典型的犍陀罗风格佛教石雕，但有其独特之处。从艺术形式上看，镀金彩绘能够保存如此完好已属罕见，而且浮雕的背面是彩绘的佛教画——可能是佛传故事里的初转法轮；更为重要的是，其提供了丰富的历史信息，而在之前出土的文物或文献里，并未发现。它们可以让我们对佛教史和中古史上的一些重大问题有更加清晰的认识。

艾娜克出土的这块燃灯佛授记浮雕，采用犍陀罗艺术中常见的一图多景手法描述故事。浮雕中包括布发掩泥的儒童、手持莲花的儒童、升入虚空礼拜的儒童，分别表现三个情节。燃灯佛形象高大，结无畏印，占据画面的主要部分。在其头顶，是停在空中而不落下的莲花。如果仅从这些细节看，似乎这块浮雕跟其他犍陀罗出土的燃灯佛授记浮雕并无二致。但如果把浮雕基座内容也纳入图景中，就会发现，这是之前从未发现的类型——在浮雕基座上，出现了四人手持莲

图3-20

图3-21

图3-22

图3-20　镀金石膏佛陀面相，艾娜克出土，阿富汗国家博物馆

图3-21　木雕坐佛，艾娜克出土，阿富汗国家博物馆

图3-22　泥塑佛像，艾娜克出土，阿富汗国家博物馆

图3-23 燃灯佛授记浮雕正面,艾娜克出土,阿富汗国家博物馆

花礼敬佛钵的景象。佛钵位于中央，两边分别站立两人，一僧一俗，相互对应。可以说，将佛钵信仰和燃灯佛授记连在一起，这是唯一的图像实物证据。

燃灯佛授记的信仰和圣迹，可能是犍陀罗"再造"佛教圣地运动的一部分。燃灯佛授记"发生"的地点，就在艾娜克以东不远的贾拉拉巴德，这让燃灯佛授记这一主题，带有了地方信仰的色彩。而这一浮雕基座上的佛钵，是重要的佛教圣物。艾娜克繁荣的时代，它就保存在贵霜帝国的都城布路沙布逻。距离首都不远的经济中心艾娜克的居民，他们当中不少人应该曾去布路沙布逻亲身礼拜佛钵。浮雕基座描述的景象，当为艾娜克僧俗大众所熟知的、在现实中存在的场面。

艾娜克出土的这块燃灯佛授记浮雕跟之前迦毕试绍托拉克出土、藏于喀布尔阿富汗国家博物馆的浮雕在构图上非常相近，只不过是将弥勒换成了佛钵，但表达的基本宗教意涵是一样的——佛钵本来就是弥勒成道的传法信物。可见弥勒信仰在当时的大犍陀罗地区是一种广泛信仰的观念。

再看浮雕的背面，就更加清楚了。浮雕背面，中间是结跏趺坐的佛陀，还有六个人物形象。虽然模糊，但佛陀身后一人下身穿横纹服饰，类似武士形象，可以判断为佛陀的护卫执金刚神；其他五人都是纯棕红色服饰，可以判断为五比丘。那么，整个彩绘可判断为描述的是释迦牟尼初次讲法，或者说"初转法轮"。初转法轮是犍陀罗佛传故事浮雕常见的主题之一，除了听法的五比丘之外，原型来自赫拉克勒斯的执金刚神，也是常见人物形象。而且，这块艾娜克浮雕背面彩绘中的释迦牟尼，结跏趺坐，施传法印，其手势不是无畏印，也不是禅定印，而是讲法的手势。这也更加佐证了上述判断。

如果把这块艾娜克燃灯佛授记浮雕视为一个整体，那么其表达的宗教意涵，应该不是随意的，而是围绕着一个主题展开。浮雕主体部分，是过去佛燃灯佛给现在佛释迦牟尼授记；背面的彩绘，是释迦牟

图3-24

图3-25

图3-24 燃灯佛授记,绍托拉克出土,集美博物馆

图3-25 燃灯佛授记浮雕背面彩绘,艾娜克出土,阿富汗国家博物馆

尼修行得道后的初次说法；基座部分，是释迦牟尼佛传法给未来佛弥勒的信物。整个的意涵，就是在表达"传法"的主题：燃灯佛授记→释迦牟尼初次讲法→传给弥勒佛钵。贵霜时期，弥勒信仰兴起，成为重要的信仰和思潮。艾娜克出土了大量高质量的贵霜钱币。在一种迦腻色迦钱币上，有弥勒结跏趺坐的形象，这或许能给上述论断提供一个小小的注脚。

燃灯佛授记将佛传故事的开端，从佛陀出生，提前到了燃灯佛授记，将地点从佛陀故土转移到了犍陀罗。这就是为什么佛传故事，不论是文献还是图像，往往将燃灯佛授记这一情节放在最开始部分的原因。虽然这个故事从内容到形式都是佛本生故事的逻辑，但是它的作用却是佛传故事的开篇。

图3-26 佛传浮雕，燃灯佛授记，拉合尔博物馆

三 犍陀罗艺术中的佛陀一生：从出生到成道

文献和艺术品中的佛陀，从根本性质上说，有双重的属性。一方面，他是神圣的，具有难以想象的神通、智慧和法力；另一方面，他又是"真实存在"的一个人物，存在于特定的历史时空，他的重要性和神圣性，也必须在特定的历史脉络里才能获得解释和阐发。这两种属性合而为一，在字里行间、雕塑壁画中共同塑造了受众能够理解和接受的释迦牟尼。佛陀一生简单的归纳，包括出生、成道、传法、涅槃四个阶段，这四相图是描绘释迦牟尼故事的基本架构。以四相为基础，可以扩展为五相图、八相图和十二相图。如果扩展开来，相关的佛传场景有一百多个。

犍陀罗佛传浮雕附属于寺院、窣堵波等佛教建筑，出现在阶梯、墙壁、门廊等地方，用最激动人心的高潮情节来表现一个佛传主题，再通过多幅精心挑选的主题故事，组合起来，呈现释迦牟尼的生命历程。窣堵波台基侧面的佛传浮雕，如绘制连环画一样，把佛陀的一生呈现供养者的眼前。当虔诚的供养者右旋绕塔礼敬时，就如同亲身经历了一遍佛陀的心路历程。窣堵波里面保存着释迦牟尼的遗骨，外面是讲述他神圣事业的浮雕，构造出神圣的空间和氛围——比如最典型的出土于西克里（Sikri）的奉献窣堵波，围绕塔一周展现了佛陀神圣人生历程中的十三个最重要的场景："燃灯佛授记""菩萨在兜率天上等待转生为释迦太子""树下观耕""降伏阿波罗逻龙王""吉祥献草""四天王献钵""梵天劝请""佛陀的禅定""佛陀给三十三天说法""菴婆波利的拜访""帝释窟禅定""阿拉毗克皈依""猕猴献蜜"。通过这十三个场景，让信仰者了解佛陀成道的来龙去脉以及传法降魔的光辉历程。

犍陀罗佛传浮雕表现的这种历史感，有些学者认为是受到了希腊文化的影响。这种严格按照人物生平次序来展现一个圣人、一种

图3-27 佛传窣堵波,西克里出土,拉合尔博物馆
犍陀罗的艺术家们选取了佛传故事中的十三个代表性主题,展现释迦牟尼传法的一生。从内容看,基本上围绕佛陀得道传法展开。

宗教的来龙去脉的做法，确实是一种非常成功的宗教艺术形式，而这种形式，后来也对东亚宗教塑造宗教先驱和圣徒的形象产生了深刻的影响。

有关释迦牟尼生平的汉文早期译经很丰富，比如马鸣（Aśvaghoṣa）——贵霜时代重要的佛教学者，曾担任迦腻色迦一世的重要谋士——在公元2世纪创作的《佛所行赞》（*Buddhacarita*，五卷）在北凉时由昙无谶译出。成书于公元1—3世纪的《佛说普曜经》（八卷），最早在西晋时由竺法护译出。还有东汉晚期竺大力等译《修行本起经》（两卷）、支谦译的《太子瑞应本起经》（两卷），刘宋时期求那跋陀罗翻译的《过去现在因果经》（四卷），隋代阇那崛多翻译的《本行集经》（六十卷）等。

图3-28 等候转生，西克里窣堵波浮雕，拉合尔博物馆
释迦在兜率天等候转生为太子，他以菩萨装扮出现，有头光，周围天人合掌礼敬。

图像作为历史记忆的载体,与文本文献有区别。图像的创造者受到所处文化、思想、信仰世界的影响,自身的艺术修养和社会背景也都会影响到他们的创作。比如在汉文文献中,执金刚神(Vajradhāra)并没有那么重要的地位,但是在犍陀罗的佛传雕刻中,执金刚神始终是非常关键的角色,他充当着佛陀侍从和保镖的角色。犍陀罗艺术中表现释迦牟尼年轻时的场景,比如去学堂学习、比试武艺等情节,在印度本土的佛教艺术(比如巴尔胡特)中是看不到的,很可能是犍陀罗地区的独创。

燃灯佛授记之后,经历诸多转世修行,那个为燃灯佛布发掩泥的儒童将成为释迦牟尼。汉文译经比如后汉西域三藏竺大力共康孟详译《修行本起经》(《大正藏》第3册)也是从燃灯佛授记讲起的,但是记载燃灯佛授记之后,儒童要反复转世修行,最终释迦菩萨在兜率天(未来的弥勒菩萨也在这里等候下生)上,"兴四种观,观视土地,观视父母,生何国中,教化之宜先当度谁",然后选定了出生的地点、自己的父母,以及将来先度化谁。这一汉文史料记载的情节,在犍陀罗浮雕里有表现。斯瓦特博物馆藏的一块浮雕,由四个场景组成,上半部表现了释迦菩萨在兜率天上准备下生,下半部表现的是"白象入胎"和"净饭王占梦"。同样的内容,也能够在拉合尔博物馆的佛传浮雕中找到。

1. 白象入胎

释迦菩萨下生时,佛教经典一般描述为"化乘白象,来就母胎"。净饭王召相师占梦。相师云:"此梦者,是王福庆,圣神降胎,故有是梦。生子处家,当为转轮飞行皇帝;出家学道,当得作佛,度脱十方。"(《修行本起经》)在犍陀罗艺术中,表现白象入胎和净饭王占梦场景的作品都有保存。其中白象入胎前后发现三十多件，可见是当时非常流行的宗教艺术主题。

犍陀罗浮雕中，常常将飞来的白象刻画在圆盘上，似乎是显示"托胎灵梦"的意境。圆盘的符号意涵，至少是把世俗和神圣空间分开，呈现神异色彩。从艺术风格看，犍陀罗"白象入胎"浮雕带有当时典型的希腊艺术风格，具有写实主义特征，图景中的女性曲线和面容都非常美好。

犍陀罗的"白象入胎"浮雕中，白象都是左侧横卧。这样一来，白象就是从摩耶夫人的右胁进入体内，正好和佛教典籍中关于佛陀从摩耶夫人右胁出生的记载相吻合。右胁而生，符合释迦牟尼的刹帝利身份。在场景中，摩耶夫人往往躺在一个梯形建筑之下，这个梯形建筑象征着净饭王的王宫。通常有手持长矛或腰挎宝剑的女卫兵。在大都会博物馆所藏的"白象入胎"浮雕中，似乎有梵天和帝释天的出现，见证这个伟大的时刻。

图3-29 占梦，大英博物馆

图3-30

图3-31

图3-30 白象入胎,拉合尔博物馆

图3-31 白象入胎,2世纪,大英博物馆

图3-32 白象入胎,大都会博物馆

图3-32

2. 右胁而生和太子沐浴

关于释迦太子的出生，汉文译经多有描述。《修行本起经》记载，摩耶夫人出游，过流民树下，"众花开化、明星出时，夫人攀树枝，便从右胁生堕地"。而南朝刘宋求那跋陀罗译《过去现在因果经》增加了一些细节，比如释迦太子一落地，没人扶持，就自行七步，举手而言："天上天下，唯我为尊。三界皆苦，吾当安之。"（《修行本起经》）东亚佛教中，存在一个佛陀右手指天，左手指地，做"天上地下，唯我独尊（佛性独尊）"的狮子吼状。但是在犍陀罗，只有右手施无畏印的造型，并没有手指天地的例子。手指天地的造型，可能是进入汉地的新创造。

在犍陀罗"右胁而生"浮雕中，帝释天和梵天往往同时出现，帝释天用布接住太子，而梵天在一旁注视着。除了诸神，场景里经常包括鼓手、竖琴等伎乐元素；另外有手持水瓶、丰饶角、棕榈叶拂尘的侍女们。

释迦太子出生之后，最重要的一项仪式就是灌顶。比如《修行本起经》记载，"有龙王兄弟，一名迦罗，二名郁迦罗，左雨温水，右雨冷泉"，给太子沐浴。灌顶有给受洗者加注神圣性的意涵，佛诞日也因此被称为浴佛节。

在中土，早在4世纪，浴佛已经成为风俗。《邺中记》记载石虎（295—349）举办九龙灌顶仪式，"四月八日，九龙衔水浴太子之像。"九龙浴佛是中土佛教艺术和建筑常见的主题，至今仍常见于佛寺建筑之中。但是在犍陀罗的佛教艺术中，并没有九龙吐水的表现形式。汉文译经中，唯一提到九龙吐水的是西晋竺法护译《普曜经》卷二："九龙在上而下香水，洗浴圣尊。"

图3-33

图3-34

图3-33 右胁而生,大都会博物馆

图3-34 右胁而生,2—3世纪,弗利尔美术馆

第三章 佛本生故事和佛传故事在犍陀罗的再造 147

图3-35

图3-36

图3-35 右胁而生，拉合尔博物馆

图3-36 灌礼，白沙瓦博物馆
新生太子站立在三脚凳上，龙王兄弟似乎是从圆壶状容器中倾倒出水给新生的太子灌顶。

图3-37 灌礼，大英博物馆

图3-37

148　图说犍陀罗文明

3. 仙人占相和坐骑出生

根据汉文佛典记载，诸梵志相师为他取名"悉达"（Siddhārtha，汉言财吉）。释迦牟尼是后人对佛陀的尊称，意思是"来自释迦族的修行成就者"或者"释迦族的圣人"。净饭王命将太子抱去礼拜神像，结果"诸神形像，皆悉颠覆"。

释迦太子出生之后，仙人阿夷（阿私陀）来为其占相。阿夷见太子"奇相三十二、八十种好，身如金刚，殊妙难量，悉如秘谶，必当成佛"（《修行本起经》）。

释迦太子出生的同时，他的坐骑揵陟（kāṇthaka）和马夫车匿（Chandaka）也在同时出生了。三国吴支谦译《太子瑞应本起经》记载："太子生日，王家青衣，亦生苍头，厩生白驹，及黄羊子。奴名车匿，马名揵陟。王后常使车匿侍从，白马给乘。"[1] 这一异象在犍陀罗艺术中也有表现。比如白沙瓦博物馆藏"坐骑及马夫同时出生"浮雕中，就表现了马夫和坐骑跟释迦太子同时出生的场景。

这个车夫在佛教教义里是个很特殊的角色。在犍陀罗浮雕的多个场景中他都出现了。车夫的名字在汉文佛典中被翻译为"车匿"，也被翻译为"阐陀""阐铎迦"等。释迦太子的白马，名叫揵陟，汉文典籍中又作"揵德""骞特"等。后来释迦太子四门出游、逾城出走时，乘坐的就是这匹白马。

1《大正藏》第 3 册，第 474 页上。

图3-38

图3-39

图3-38 归城,大英博物馆
图中可见摩耶夫人怀抱新生的释迦太子。

图3-39 仙人占相,拉合尔博物馆
右边是净饭王夫妇,左边仙人阿夷接过侍女手中的释迦太子,置于自己膝盖上观看。

4. 佛陀在学堂和竞试武艺

根据佛教典籍记载，净饭王希望能够用惬意的生活和荣华富贵取悦太子，打消他成道的念头。而且宫墙牢固，门开门闭，声音传到四十里外。只要太子离开宫殿，声音就会传出（《修行本起经》）。

释迦太子从七岁起开始学习。他向毗奢蜜多罗（Visvimitra）学习文化知识，向羼提提婆（Ksantidiva）学习武艺。毗奢蜜多罗在汉译佛典中常译作"选友"，是一位文学修养极高的婆罗门；羼提提婆在汉译佛经中常作"忍天"，是释迦族的一位擅长武术和兵法的名师。佛经中多处提到，太子是坐着羊车去上学的。比如支谦译《太子瑞应本起经》云："及至七岁，而索学书，乘羊车诣师门。"犍陀罗佛传艺术中，保存了少年释迦乘羊车去学堂的场景。

汉文文献中都提到，少年释迦是乘坐羊车上学。但是在犍陀罗佛传艺术中，有描述太子骑着一只黄羊上学的浮雕作品。这种变通，不知道在当时是否有文献依据，或者仅仅是当时艺术家的想象和艺术创作。

犍陀罗浮雕中表现佛陀上学的作品存留不多，比较典型的是白沙瓦博物馆所藏的"佛陀在学堂"浮雕，展现了佛陀在老师面前请教问题的场面，在这一场景中，少年释迦始终都有背光。佛陀老师（毗奢蜜多罗？）手持写字板，写字板上是佉卢文，解读出来的意思是"自己与他人的幸福"。这种写实主义的表现手法，也印证了当时佉卢文在佛教传播中的重要作用。

除了学习文化知识，佛陀也学习武艺。汉译佛典中有"竞试武艺"的主题，主要讲述佛陀在年少时跟他人比试武艺的故事，有的是为了得到美丽的耶输陀罗——《佛本行集经》中提到，耶输陀罗的父亲提出，"国中勇武技术最胜者"方可迎娶耶输陀罗为妻。经常跟释迦太子竞争的是两个人，一个是他的堂兄弟，叫作调达（提婆达多，Devadatta），稍微年长；一个是他的同父异母弟，叫作难陀（孙陀

图3-40

图3-41

图3-40 乘羊车诣师门，维多利亚和艾尔伯特博物馆

画面中，个头矮小的太子在一群手抱写字板的书童们的陪同下前往学堂。释迦太子有头光，乘坐两只黄羊拉的车。跟汉文译经中描述的"乘羊车，众释导从，往诣书师"吻合。如果去掉佛教的宗教色彩，这个场景很可能是当时贵霜的贵族子弟上学场景的真实写照。

图3-41 骑羊上学，2—3世纪，白沙瓦博物馆

有意思的是，画面中，少年释迦牟尼骑着一头羊去上学，头上有背光。

罗难陀，Sundarananda），年纪稍轻。汉译《太子瑞应本起经》将三人的竞争归结于提婆达多的嫉妒。

然而在《修行本起经》中，这三场比赛，跟迎娶耶输陀罗联系在一起，构成一个比武招亲的主题。在《修行本起经》中，第一场比赛是角力，城门口安置一头大象挡住去路，提婆达多一拳将其打死；难陀到了之后将大象拖到路旁；等到释迦太子到来，则将大象举起扔到城外，而且大象死而复生。这一场景在犍陀罗浮雕中有生动的表现。最典型的比如白沙瓦博物馆所藏的"掷象"浮雕，整个场景跟《佛本行集经》的记载极为吻合，而和其他梵文文学和《太子瑞应本起经》有些出入。第二场比赛是手搏，第三场比赛是射箭，释迦太子均取胜。

释迦太子"竞试武艺"的场景，常见于犍陀罗浮雕中，斯瓦特、马尔丹、西克里、贾马尔克里等地都出土过，可见这一题材在当时很流行。不过很多是小型作品，出现在小型窣堵波上，以组图的形式出现，呈现了少年释迦丰富多彩的人生履历。

图3-42 释迦太子在学堂，加尔各答印度博物馆
画面中，释迦太子端坐在写字板前，正在写字。

5. 佛陀娶亲和四门出游

犍陀罗地区出土有表现释迦太子和耶输陀罗举行"婚约"和"婚礼"场面的浮雕。比如白沙瓦博物馆藏"婚礼"浮雕，佛陀手牵耶输陀罗的手围着火堆转圈。在"婚约"的场景中，太子做菩萨打扮，婆罗门将耶输陀罗引到释迦太子身边，在有的浮雕中，耶输陀罗羞涩地将头转向一边。佛陀曾经结婚应该是有历史依据的。虽然佛教讲切断和世俗世界的联系，但爱情在犍陀罗佛教艺术中还是时常出现的。犍陀罗地区出土了多幅浮雕，表现佛陀婚礼盛宴的情形，以及佛陀和耶输陀罗在宫殿里的奢华世俗生活。这些场景的浮雕都是寺院或者窣堵波的装饰物，构成了佛陀一生的历史长卷。

表现释迦太子结婚主题的浮雕，还包括宴饮的情节。在犍陀罗布奈尔（Buner）地区一处佛教窣堵波遗址中，考古学家发现了一组雕刻板，一共三块，似乎是属于窣堵波阶梯上的装饰物。这三块浮雕展现的都是宴饮庆祝的场面。每一块上都刻画了六个人物。三块浮雕中的人物服饰各不相同，分别身穿伊朗服饰、希腊服饰和印度样式的服饰，可能表现的是天下众生都为释迦太子的婚礼欢欣鼓舞。本杰明·罗兰德（Benjamin Rowland）将这些画面定义为"悉达多太子的婚礼"——毕竟它们原属于佛教窣堵波，应该具有佛教的意涵。整个构图和风格带有强烈的酒神节庆祝的色彩。

耶输陀罗和释迦太子的婚姻留下来儿子罗睺罗（Rahula）。释迦牟尼成道后六年，回到迦毗罗卫度化释迦族，让罗睺罗出家并说法。罗睺罗是佛教僧团的第一位沙弥。他以舍利弗为师，目犍连为阿阇梨，最后证得罗汉道。罗睺罗出家这一情节在犍陀罗佛传故事中也有表现。

太子走向修行得道之路的缘起，是四门出游的故事。如何克服生、老、病、死这些人类最基本的痛苦，是佛教的中心议题。四门出

图3-43

图3-44

图3-43 婚约，拉合尔博物馆
画面中，婆罗门将耶输陀罗介绍给释迦太子。耶输陀罗身形丰满优美，面容姣好，羞涩地将头转向一边。释迦太子身形比浮雕中的任何人物形象都高大得多。耶输陀罗身后有手提水瓶的侍女，而诸神出现加以赞美礼敬。这块浮雕经常被当作须大拿太子本生故事，但是场景并不符合。尤其是太子身形高大、耶输陀罗带着侍女等细节，都说明这不是发生在荒山野岭的故事——在须大拿太子本生故事中，有老婆罗门向太子求施夫人的场景。

图3-44 婚礼，塔拜克出土，2—3世纪，大英博物馆

图3-45

图3-46

图3-47

图3-45 婚礼（身穿伊朗服饰的庆祝人群），1世纪左右，美国克利夫兰艺术博物馆

图3-46 婚礼（身穿希腊服饰的庆祝人群），1世纪左右，美国克利夫兰艺术博物馆

图3-47 婚礼（身穿印度服饰的庆祝人群），1世纪左右，美国克利夫兰艺术博物馆

游和充满虚无与欢乐的宫廷生活场面相对照,表现人生皆苦,欢愉只是无常的主旨。在原始佛教中,很少见到此类表达。但是中国和日本佛教中,它却是重要的主题。四门出游这一艺术主题的起源,似乎也跟犍陀罗有关。比如白沙瓦博物馆所藏"出门出游"片岩浮雕,骑在马上的太子面对鼓胀肚子的病人。似乎是连续的四段场景,分别是太子遇见病人、老人、死人、沙门的场面。总体来说,四门出游题材在犍陀罗很罕见。

图3-48 罗睺罗剃度,旧金山亚洲艺术博物馆
画面中佛陀结跏趺坐,施无畏印。耶输陀罗怀抱罗睺罗,却转头看着佛陀。侍女则在给罗睺罗剃发。整个画面写实而灵动。在浮雕的右端,则是已经剃度的罗睺罗礼拜师父舍利弗的场景。

6. 树下观耕和逾城出走

佛陀告别世俗繁华，从世俗走向神圣，从王者走向圣者，体现在"树下观耕"和"逾城出走"两个故事中。

按照《修行本起经》的记载，太子四门出游之后，闷闷不乐。有大臣建议让太子"监农种殖，役其意思，使不念道"。太子坐在阎浮树下，看见"耕者垦壤出虫，天复化令牛领兴坏，虫下淋落，乌随啄吞。又作虾蟆，追食曲蟮，蛇从穴出，吞食虾蟆，孔雀飞下啄吞其蛇，有鹰飞来，搏取孔雀，雕鹫复来，搏撮食之"。释迦太子感叹六道众生辗转吞食，惨不忍睹。"是时太子，还宫思惟，念道清净，不宜在家，当处山林，研精行禅。"

东亚佛教艺术中的树下观耕，主要是释迦菩萨树下思惟像，菩萨半跏而坐。但是犍陀罗佛教艺术中的树下观耕，释迦太子是结跏趺坐，很少有半跏而坐的情况。

《修行本起经》描述的我们通常谓之"太子惊梦"的情节，在犍陀罗浮雕中是个常见的主题。在犍陀罗佛传艺术中，往往通过强烈的对比来表现汉文译经中的"太子惊梦"这一主题。这些浮雕往往采用左右布局，或者上下布局，一边表现歌舞升平、醉生梦死的宫廷生活，一边表现歌舞停歇，繁华落尽，再婀娜多姿的舞女，再优美动人的伎乐，全然不见，只剩下蓬头垢面酣睡的舞女，枕鼓而眠的乐师。这种对比的表现方式，让人们有强烈的繁华散尽、人生无常的感叹，让整个画面呈现从世俗走向神圣的庄严感。

逾城出走是佛陀走向成佛之路的第一步。这一场景带有走向悟道的胜利的色彩，跟旧的世界决裂，走向神圣的远方。这种宗教题材在当时的犍陀罗应该深受欢迎，这是佛教史上的大事，太子骑马逾城出走那一刻起，众生的命运也就改变了，他们将迎来一个有佛陀的时代。

图3-49 树下观耕，2—3世纪，片岩浮雕，白沙瓦博物馆
释迦太子坐在阎浮树下的台座上结跏趺坐，施禅定印，而台座则雕刻着耕种的场景。在台座的右侧，是掌犁人牤牛，左侧是身穿长裙的人在祈祷，而最左边是净饭王礼拜太子。太子的面容温情而忧伤。垂下的衣裳将人物雕像和基座的内容连成一体。画面中，太子的形象占据了整个浮雕的大部分，呈现圣人的威严和神圣。而耕田的部分和净饭王礼拜的部分，则只在基座上出现，不影响故事的完整性。

图3-50 树下观耕（太子发冠上有狮子形象），2—3世纪，平山郁夫丝绸之路美术馆

图3-51

图3-51 树下观耕，拉合尔博物馆

图3-52 太子惊梦，2—3世纪，片岩浮雕，卡拉奇国家博物馆

画面分为两部分，上部分表现的是释迦太子和耶输陀罗奢华的宫廷生活，下部分表现的是繁华消逝，太子准备逾墙出走的场景。宫治昭认为上半部或许受到塔克西拉出土的装饰盘的影响，是常见的飨宴场景。太子侧卧卧榻上，跟坐在旁边的耶输陀罗交谈，周围是乐舞的表演。下半部是乐舞结束后的场面，乐女们各个姿态丑陋，露出凡俗的一面。持矛的女卫士守卫着寝宫。此时太子的装束或者发髻已经发生了变化，预示着跟世俗世界决裂，准备离宫出走。

图3-52

图3-53 太子惊梦,柏林亚洲艺术博物馆
表现了释迦太子众人皆醉我独醒的场景。耶输陀罗已经入睡,而太子坐在床边,似乎已经下定决心出走。在汉文文献中,卫士们也被描述为"淳昏而卧"。不过犍陀罗浮雕中,卫士一般是清醒的状态。

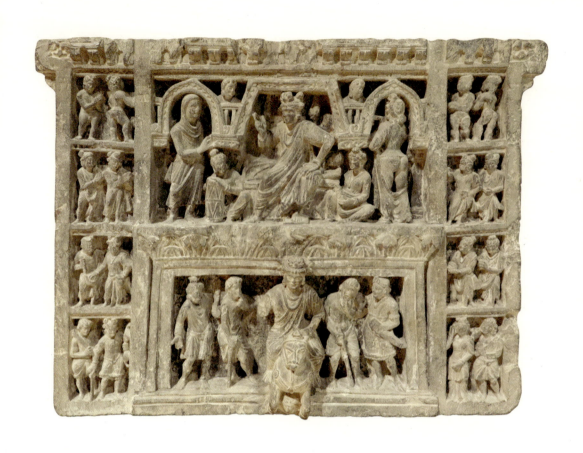

图3-54 太子惊梦和逾城出走,伯克利艺术博物馆

浮雕分为上下两部分,上面表现的是"太子惊梦"的场景,下面表现的是"逾城出走"。令人惊叹的是,浮雕中太子骑马跃出画面,呈现割舍世俗世界的意涵。而其旁边,面如赫拉克勒斯的执金刚神出现了。

太子命车匿备马，上马之后徘徊于庭，担心开门会有声音。于是四大天王之一的毗沙门天王命令手下的夜叉（yakṣas）捧举马足，让其不发出声音，从而逾墙而出。在犍陀罗浮雕中，往往有夜叉托起白马四蹄的场面。犍陀罗"逾城出走"浮雕中，释迦太子虽然仍未成佛，但是已经有了头光。他骑在白马上，举起右手施无畏印，表现出毅然决然的态度。而且身边往往已经出现了手持金刚杵的执金刚神的护持。之后的佛传故事图像中，执金刚神几乎成了必不可缺的元素。执金刚神的出现，是在犍陀罗地区，是将希腊大力士赫拉克勒斯纳入佛教万神殿的结果。

除了上述元素，手持伞盖的马夫车匿和手持弓箭的五道大神成为不可或缺的人物。在太子马前，往往有手持弓箭的人物形象。以前的研究者多认为这是魔王波旬前来阻止，也有学者认为这是毗沙门天王导引。但是根据汉文译经典，比如《太子瑞应本起经》中，提到太子遇见主五道大神，名曰贲识，左手持弓箭。这一浮雕中手持弓箭的，恐怕就是这位五道大神。

图3-55

图3-56

图3-55 逾城出走，加尔各答印度博物馆
除了手持伞盖的马夫车匿、手持弓箭的五道大神贲识、捧起马蹄的夜叉、手施无畏印的释迦太子外，似乎迦毗罗卫城的城市女神也出现了。她头戴城塞形冠，两肩带有城塞纹路，目睹太子走向神圣这一伟大的时刻。

图3-56 逾城出走，2世纪，罗里延唐盖出土，加尔各答印度博物馆

7. 告别宝马和开始修行

释迦太子骑马离开迦毗罗卫之后，将身上的宝衣、璎珞、宝冠解下，尽数给了马夫车匿。脱下王子的衣冠之后，释迦太子就从一个王者转变为修行者，从一个珠宝冠髻、璎珞装饰的刹帝利王子，转换为身穿僧袍、束成螺发的形象。头光、螺发、僧袍成为走向神圣的释迦牟尼的基本视觉元素。

最令人动容的是释迦太子的坐骑犍陟马。《修行本起经》记载，白马犍陟"长跪，泪出舐足，见水不饮，得草不食，鸣啼流涕徘徊不去"。犍陀罗佛教艺术中最为有名的离别场景，恐怕就是释迦太子跟犍陟马告别。一方面是释迦太子和曾经与自己朝夕相伴的马夫和宝马离别，一方面是太子跟尘世的繁华告别。

图3-57 告别宝马，1—3世纪，柏林亚洲艺术博物馆
释迦太子身后的背光标志了他的身份。此时他赤裸上身，赤足，已经将太子衣冠交给车匿。旁边扛着伞盖的车匿手里捧着太子的衣冠。画面中的主角不是释迦太子，而是白马犍陟。它前倾垂首，跪倒在太子脚下，低首舔舐太子的双足。嘴巴微张，似乎在发出悲怆不舍的嘶鸣。这非常符合汉文译经中所谓"屈膝舐足"的描述。

图3-58

图3-59

图3-58 告别宝马，拉合尔博物馆
这件浮雕作品中，出现了执金刚神的形象。虽然有些残破，但是立于释迦太子身后的执金刚神手持的金刚杵清晰可见。

图3-59 告别宝马，大英博物馆

在汉文译经中，担心太子安危的净饭王挑选阿若憍陈如（意为"知本际"）等五人跟随释迦太子修行。但是最终五人离开了释迦。释迦牟尼成道之后，初次讲法，就是回去找他们五个。所以他们五个是佛陀得道后度化的第一批信徒。

在此后的佛传故事浮雕中，释迦太子的形象已经发生了根本性的变化。一般来说，释迦牟尼在佛教美术中，成道之前一般被描绘为菩萨的形象，在成道之后是佛陀的样子。但是犍陀罗美术中，修行中的释迦太子，也常常是佛的形象，身披袈裟，而不是菩萨装扮。

图3-60 五位修行者，大都会博物馆
画面中五个人都是手持象征婆罗门身份的水瓶，可能表现的是最初跟随释迦太子修行后来又抛弃他的阿若憍陈如等五比丘。

8. 断食苦修和走向菩提

释迦牟尼苦修的地点是摩揭陀国的前正觉山西南十五里的毕钵罗树下。在这里，释迦牟尼苦修六年，发誓："使吾于此肌骨枯腐，不得佛，终不起。"在苦修过程中，佛陀一日只吃一麻、一麦，以续精气。

在犍陀罗佛传浮雕中，"苦行中的释迦"是重要的主题。释迦苦行像展现出释迦牟尼的牺牲精神，展现他为了众生寻求解脱之道深受身心之苦的情况。这种极端写实主义的风格，在印度本土的早期佛教艺术中并不常见。这类图像展现的细节，和唐代地婆诃罗译《方广大庄严经》的文字描述几乎完全吻合，文献所谓"脊骨连露如筇竹节"[1]，和拉合尔博物馆所藏的这件释迦苦行像中几乎完全符合：释迦像从喉头到胸部中线，如一串圆珠。虽然这和现代人体解剖学的常识相违背，但是却展现了当时人对人体的观念和认识。有的观点认为是受到了古代希腊悲剧手法和写实主义传统的影响。

经过极致的苦行，佛陀认识到，光靠断食苦行，是没法悟道的。他接受了牧牛女的食物。在犍陀罗浮雕中，一般是苦行的释迦太子在台座上结跏趺坐，而牧女等人手托钵盂和水瓶供养。在有的浮雕作品中，"牧女献糜"的故事，和后面发生的"四天王献钵""商人献食"，三个场景出现在一起。

食用了牧牛女献给的乳糜，释迦恢复了体力。最终来到菩提伽耶的菩提树下。正是在菩提树下，释迦最终经历降魔修行得道。释迦前行碰到了名叫"吉祥"（Swastika）的刈草人，他在割吉祥草。于是释迦向他求施吉祥草，"今汝施我草，十方皆吉祥"。刈草人献给释迦吉祥草，释迦将其垫在菩提座上，走向成道之路。

---

[1] 地婆诃罗译《方广大庄严经》第 7 卷，《大正藏》第 3 册。

图3-61a

图3-61b

图3-61 a,b 释迦苦行像，灰绿片岩，2—3世纪，西克里出土，拉合尔博物馆

图3-62

图3-63

图3-62 苦行中的释迦，3—5世纪，大都会博物馆
虽然只剩下躯干，但从这座苦行像仍可以看出释迦苦行遭受的痛苦。台座上展现的是初转法轮的场景。释迦牟尼经受苦行的痛苦，为的就是修行得道。而台座上，就是佛陀修行得道后初次讲法的情景。苦行像和台座上的故事紧密相关，组成了一个完整的故事。

图3-63 牧女献糜和释迦苦行，3世纪，柏林亚洲艺术博物馆

图3-64

图3-65

图3-64 吉祥献草，西克里出土，拉合尔博物馆
图景中除了献草的刈草人，还有手持金刚杵的执金刚神、赞叹礼敬的诸天神等。

图3-65 吉祥献草，2—3世纪，白沙瓦博物馆
场景中，释迦牟尼站在中间，头有背光，身穿长袍，右手持吉祥草，双眼睁大，长有髭须。执金刚神在其左手边，长着浓密的胡须和头发，手持金刚杵。刈草人头发卷曲，赤裸上身，脚下是一堆吉祥草。其双手合十，向佛陀礼拜。

第三章 佛本生故事和佛传故事在犍陀罗的再造　　171

在犍陀罗浮雕中，有表现佛陀走向菩提座那一刻的作品。这时候，魔王波旬出现了。"走向菩提座"这一主题的浮雕，有不少采取二元对立的表现方式：中间是铺着吉祥草的菩提座和众树之王的菩提树；一边是身形高大的释迦牟尼（此时他已经是佛陀的样子）和侍卫执金刚神，以及赞叹的诸神；一边是魔王波旬及其美丽的女儿。

图3-66

图3-67

图3-66 走向菩提座，2—3世纪，克里夫兰博物馆
右侧的魔王波旬上身赤裸，是世俗王者的打扮，其女身形婀娜、面容姣好，站立其身后。魔王形象之上还有两位年轻女性，可能也是魔王的女儿。这一件有所残缺，在有的同一主题浮雕中，有魔女手举摩羯鱼幢的细节。此幢象征着情欲。

图3-67 走向菩提座（有象征情欲的摩羯鱼幢），2—3世纪，诺顿西蒙博物馆

9. 降魔成道

释迦牟尼成道，是通过排除魔王波旬的干扰而达成的，所以这个过程被叫作"降魔成道"。这种正义战胜邪恶、神圣战胜世俗的二元表达方式，展现了佛陀成道的不易。魔王波旬是佛教欲界之首，喜欢阻挠佛教中人修行。在释迦牟尼成道的过程中，魔王也心中惶怖不宁，希望能破坏释迦牟尼成佛。汉文译经中一般都会提到魔王之子对魔王的劝解，认为释迦牟尼三界独尊，众神皆礼待，不应该去破坏他修道。在《太子瑞应本起经》中，魔王之子的名字叫作"萨陀"，在《修行本起经》中叫作"须摩提（汉言贤意）"。

魔王不听须摩提的劝解，还召集自己的三个女儿，这三个女儿在《修行本起经》中分别叫欲妃、悦彼、快观，让她们诱惑释迦放弃修行。但释迦心净，如琉璃一般不可玷污。"魔女的诱惑"这一主题，在犍陀罗浮雕中有非常生动的描述。

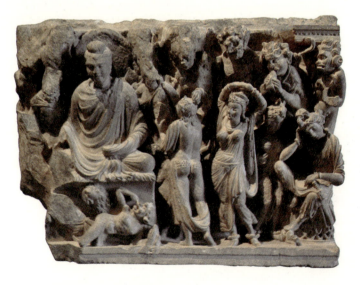

图3-68 魔女的诱惑，雷特博尔格博物馆
释迦在美色诱惑下，安定自若，坚如磐石。台座前和背景中有跌倒的魔兵，两个正面的魔女形象和一个魔女的背面形象，身形婀娜多姿，充满诱惑。右侧有哀叹的魔王。

看到三个女儿失败而归，魔王更加愤恨，召集鬼神、怪物一起上前，雷电四绕，持刀剑攻击释迦。释迦牟尼以智慧力，伸手按地，于是大地震动，魔王及其仆从一起跌倒在地。这一细节在犍陀罗"降魔成道"浮雕中有生动的表现：在台座上经常出现身穿铠甲的魔军旋转倒地的场面。不过值得指出的是，在犍陀罗艺术中，魔王波旬往往是半跏思惟的姿态，而在原始印度佛教艺术中，他往往是蹲着的。这或许也是犍陀罗艺术的创新。

释迦牟尼降魔成道，在犍陀罗艺术中，是用军事胜利的场景来表达的。精神世界的成道和觉悟，被描述为一场惊心动魄的正邪之战。这种以战争场面表现"降魔成道"的手法，在中印度的桑奇没有前例，可能受了希腊罗马文化传统的影响。魔军可能是当时犍陀罗当地战士的装扮。希罗多德《历史》记载，在薛西斯对希腊的战争中，印度人和犍陀罗人也在薛西斯的大军之中。犍陀罗人使用藤弓和短矛，正如犍陀罗浮雕魔军的装扮一般。

通过战胜魔女的诱惑和魔军的攻击，释迦牟尼完成了走向终极解脱之路，修成正觉的佛陀，从此走向传法之路。

图3-69 降魔成道（台座前魔军士兵跌倒倒地），白沙瓦博物馆

图3-70

图3-71

图3-70 降魔成道，柏林亚洲艺术博物馆
画面中手持刀剑的魔军纷纷扑向释迦牟尼。台座前面的地上出现了大地之神的形象，作为整个事件的见证者。而在画面的左上角，出现了手持金刚杵的执金刚神。

图3-71 降魔成道，弗利尔美术馆
形象高大的佛陀结跏趺坐坐在菩提座上，左右对称构图，右侧是即将拔出宝剑的魔王波旬，魔王之子须摩提在阻止其拔剑；左侧是放弃了攻击的波旬，一手举起，表现出懊恼的样子，须摩提搀着他的手臂。在菩提座前，身穿重装铠甲的魔军，手持刀剑盾牌，旋转倒地，正符合汉文译经中魔军旋转倒地的记载。

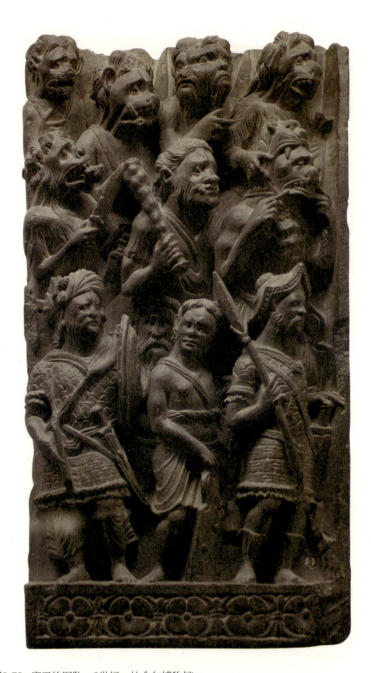

图3-72 魔王的军队,2世纪,拉合尔博物馆

画面上群魔众多,分成三层,下层魔兵是人形战士,或缠头巾,或戴盔帽,身穿铠甲,手持刀剑、长矛和盾牌;中层和上层魔兵则是兽形,或獠牙,或双面,或浑身毛发,挥舞棍棒。魔兵被刻画得栩栩如生,也衬托释迦成道的不易。

四　犍陀罗艺术中的佛陀一生：从传道到涅槃

按照支谦的说法，在佛陀成道后，畜生道中龙是最先见到佛的。在佛传故事体系里，此时有两个故事情节出现，一个是"迦罗龙王皈依"，一个是"文邻瞽龙护持"。比如德里的印度国家博物馆所藏的一块"迦罗龙王皈依"浮雕中，龙王和王后在象征宫殿的平台中向佛礼敬，佛陀身后跟着手捧金刚杵、威武雄壮的执金刚神。类似的场面，也见于拉合尔博物馆所藏的窣堵波装饰浮雕。

"文邻瞽龙护持"的故事，在东吴支谦译《太子瑞应本起经》中有描述。在目前留存的汉传佛教遗物中鲜少见到，但是在东南亚等南传佛教国家，这是一个常见的艺术主题。文邻瞽龙护持这一艺术主题，表现的是龙王在雨季保护禅定的佛陀。这带有明显的印度本土的传统特色。但是在犍陀罗艺术中，这一场景很少出现。

图3-73　迦罗龙王皈依，印度国家博物馆

1. 商人献食和天王献钵

佛陀成道后接受商人献食，在汉文译经中多有提及，比如《修行本起经》和《太子瑞应本起经》。

过去诸佛都有钵盂，佛陀也不能如常人一样用手进食。这时四天王（lokapālas）遥知佛当用钵，于是前来献钵。佛陀不好意思拒绝任何一位的好意，于是合四钵为一，因此佛钵上面有四道痕迹，所谓"四际分明"。在犍陀罗的四天王献钵的佛传浮雕中，常常由毗沙门天王亲手将佛钵献给释迦牟尼。

犍陀罗美术中，毗沙门天王与其他天王服饰装扮显著不同。他头上戴着鸟翼冠，这是伊朗系文明中财神富罗（Pharro）的符号。犍陀罗浮雕中的毗沙门的形象，融合了希腊神祇赫尔墨斯（Hermes）和罗马神墨丘利（Mercurius）的形象，进而跟伊朗系宗教的财神富罗连在了一起。在犍陀罗浮雕中的毗沙门天王形象，融合希腊、罗马、伊朗、印度四种神的特征。毗沙门天王到了中亚之后，获得了格外的重视和拔高；到了东亚之后，在中国和日本文明中地位进一步上升。犍陀罗美术中，毗沙门获得单独的神格，为后来的佛教毗沙门天王信仰发展奠定了基础。

在佛传故事里，猕猴献蜜是一个很有趣的主题。犍陀罗美术中对这一主题有生动的刻画。猕猴献蜜除了见诸文献，还有圣迹存在，这个圣迹在马土拉。唐代高僧玄奘在《大唐西域记》对此有记载。

图3-74

图3-75

图3-74 四天王献钵，拉合尔博物馆 画面中，四天王都双手捧着一个钵，释迦牟尼手中的钵更大一点，表示他将四钵合而为一了。

图3-75 四天王献钵（佛陀手里还没有钵出现），小型窣堵波装饰浮雕，拉合尔博物馆

图3-76 猕猴献蜜，拉合尔博物馆

图3-76

第三章 佛本生故事和佛传故事在犍陀罗的再造　　179

2. 梵天劝请和帝释窟禅定

佛陀成道后，觉得众生"皆乐生求安，贪欲嗜味，好于声色，故不能乐佛道"，决定自行涅槃，舍弃众生。这个时候有一个重要的情节出现了，就是"梵天劝请"，也就是梵天劝说佛陀放弃自我涅槃的想法，留下来传道讲法。佛陀接受了梵天的劝请，放弃了涅槃的想法，转而以众生的解脱为自己最终的目标。

在犍陀罗美术中，"梵天劝请"是重要的艺术主题，浮雕作品很多。宫治昭和德立芙（J. E. van Lohuizen-de Leeuw）等学者甚至认为，犍陀罗最早的佛像，可能就出现在梵天劝请的浮雕题材中。巴基斯坦拉合尔博物馆藏罗里延唐盖（Loriyan Tangai）遗址出土的一件"梵天劝请"石雕，年代可能是公元2世纪。

佛陀选择讲法，而不是自行涅槃，也就从单纯的成道者，变成了伟大的救世主。婆罗门和刹帝利共同构成了古代印度社会的精英阶层。梵天和帝释天分别是婆罗门和刹帝利的象征者。梵天在现实中对应婆罗门，是修行者，其装束经常是简单质朴，头发绾起，手持修行者的水瓶，几乎没有任何装饰物；帝释天（因陀罗）对应的是刹帝利贵族，所以装饰打扮是世俗王子的形象，经常是敷巾冠饰，佩戴项圈耳环。梵天是对应圣者、修行者的角色，帝释天则是对应王者的形象，是两种不同神格的神。佛陀身边两侧梵天和帝释天的侍立，象征着佛陀为世俗世界和神圣世界的最高导师和精神领袖。后来佛陀两侧演变为观音和弥勒菩萨侍立，很可能跟梵天-帝释天的组合有沿袭关系。

在东汉时译出的《修行本起经》中，"梵天劝请"的情节是和大家通常所谓的"帝释窟禅定"主题连在一起的。当梵天发现佛陀决意涅槃时，赶紧告诉帝释天，让他派遣"天乐般遮翼"赶到佛陀禅定的石室。当"佛方定意觉"，般遮翼就"弹琴而歌"。

图3-77

图3-78

图3-77 梵天劝请,斯瓦特风格,柏林亚洲艺术博物馆

图3-78 梵天劝请,斯瓦特地区,拉合尔博物馆

场景中,佛陀在菩提树下做禅定状,梵天和帝释天单膝下跪,劝请佛陀。

图3-79

图3-80

图3-79 梵天劝请,塔克西拉博物馆

图3-80 梵天劝请,拉合尔博物馆

图3-81 帝释窟禅定,白沙瓦博物馆

第三章 佛本生故事和佛传故事在犍陀罗的再造

般遮翼受命之后，持琉璃琴先去拜见佛陀。在离佛陀不远的地方，般遮翼弹奏乐曲，唤醒佛陀。佛陀为般遮翼的音乐打动，从三昧状态中出来。之后，帝释天和释迦牟尼进行了对话，《佛说帝释所问经》记载了双方关于"八正道"等内容的对话。通过对话，佛陀让帝释天解除了心中的烦恼和困惑，而乐神般遮翼也获得了功德。

犍陀罗佛传浮雕中的"帝释窟禅定"，佛陀结禅定印，而不是说法印。有时候佛陀因为火三昧的状态，发出火焰，舔卷石窟的洞壁，在浮雕中也有体现。佛陀的宝座下面往往出现动物形象，比如狮子、鹿、羊、猪等，表示场景发生在荒野。塔克西拉出土的"帝释窟禅定"呈现上下结构，整个画面被显眼的栏杆分成上下两部分。最下部的野猪，象征着佛陀禅定的自然环境；除此之外，它还象征着佛教六道轮回中的畜生道——这一点跟整个浮雕的上部天人部分形成鲜明的对照。栏杆之上，是天人散花的场景，巨大的花朵从栏杆之上撒下，落在栏杆之下佛陀禅定的石窟上。在佛陀两边胁侍的是梵天和帝释天。梵天的地位似乎比帝释天更加显耀一点。两者都有头光，双手合十做礼拜状。

图3-82 帝释窟禅定（场景中出现了乐神般遮翼弹琴），拉合尔博物馆

图3-83 帝释窟禅定(台座下面出现动物,表示故事发生在荒山野岭),拉合尔博物馆

图3-84 帝释窟禅定,贵霜时期,约2—3世纪,塔克西拉博物馆

图3-85 帝释窟禅定局部,洛杉矶县立艺术博物馆
画面中,各种动物在山间奔跑,带有背光的诸天在空中飞行,非常生动。

3. 五比丘重逢和初转法轮

最早听佛讲法的，就是最初跟随他修行的五比丘，这是佛陀最早的五个弟子，是佛教僧团的开始。待佛陀成道后，向五位比丘首次宣讲四谛五蕴、无我说和八正道等佛法，比丘们纷纷开悟。这次在鹿野苑的讲法，就是佛陀的初次讲法，或者叫"初转法轮"。

法轮象征佛法，比拟佛陀如转轮王一样，用正法的力量征服世界。几乎所有的犍陀罗遗址都出土有表现佛陀初转法轮故事的雕刻。在已出土的浮雕中，法轮通常有三种表现形式：第一种形式最为常见，是车轮状；第二种造型为莲花瓣形；第三种形式是少见的太阳造型。

犍陀罗浮雕中还有一类主题，是表现最早听法的五比丘准备听佛第一次传法的场景。在这一主题中，五比丘面对佛陀，有的手持扇子，有的手持水罐，有的手持别的工具，为佛陀初次讲法做准备。画面中也会出现天神和类似丘比特的形象。

图3-86 初转法轮，2世纪，布鲁克林博物馆
画面中，一位比丘为佛陀搬来了宝座。

在数量众多的"初转法轮"浮雕中,犍陀罗的雕刻家以两头相背的鹿暗示故事发生的地点是鹿野苑;以象征达摩之法的车轮、象征佛法僧三宝的三叉和五位剃度过的僧人点明故事的主题事件——"初转法轮"。大都会博物馆所藏"初转法轮"浮雕中,佛陀伸手触摸身侧的法轮,五位比丘和手持金刚杵的执金刚神构成了听众。

"初转法轮"的主题有时候和别的主题连在一起。比如和"礼拜佛钵"等故事连在一起。

用法轮或者三宝符号来象征佛陀,似乎是早期佛教艺术的特征。但是似乎在犍陀罗,至少是早期的时候,仍然保留着这样的表现手法。在"初转法轮"浮雕中,有时候佛陀消失了,佛陀的初转法轮,被法轮(经常是三个,象征佛、法、僧三宝)和三宝符号(Triratna)代替。除了佛陀用符号象征以外,其他的图像元素则没有太大的变化。

图3-87 初转法轮,约2世纪,28.6厘米×32.4厘米,大都会博物馆
佛陀的发髻呈波浪形,面相呈椭圆形,双目微垂,身着古希腊式圆领长衫。佛陀端坐台座上,右手轻触法轮,法轮显示出部分,应该是八轮辐。佛陀有头光,憍陈如等五比丘围坐佛陀周围,穿着长袍,剃光头。执金刚神出现在佛陀的右侧身后,手持金刚杵。台座前两只鹿回首相对,表明这里是佛陀初转法轮的鹿野苑。

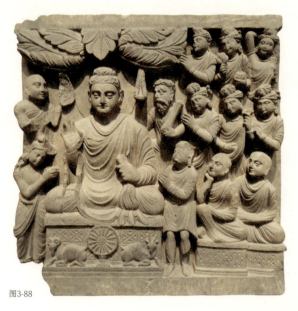

图3-88

图3-89

图3-88 初转法轮，2—3世纪，弗利尔美术馆

图3-89 初转法轮（上部出现礼拜佛钵），拉合尔博物馆

图3-90

图3-91

图3-90 初转法轮，拉合尔博物馆
值得注意的是，画面中佛陀不见了，取而代之的仅仅是象征佛法的法轮以及法轮之上的三宝符号。

图3-91 初转法轮，大英博物馆

图3-92 初转法轮,加尔各答印度博物馆

图3-93 初转法轮,1—2世纪,平山郁夫丝绸之路美术馆
画面中出现了飞翔的天人,手持金刚杵的执金刚神。

4. 收服迦叶和度化难陀

佛陀夜入优楼频罗（Uruvilva）火神庙显神通降伏毒蛇，度化迦叶（Kasyapa）三兄弟及其千名弟子，是佛教僧团扩张的一大契机。迦叶兄弟供奉火神，有的学者认为迦叶是早期的琐罗亚斯德教徒。佛教和琐罗亚斯德教在丝绸之路上一直保持着密切的关系，甚至是你中有我、我中有你。犍陀罗浮雕中，有不少描述释迦牟尼收服迦叶的作品。在这些场景中，火都扮演了重要的角色：火不能伤害佛陀，也就是异教徒信奉的神灵无法撼动佛陀的伟大。这是一个很重要的宗教主题。

佛陀向大迦叶借助他们教团的"火室"住宿一晚。如果迦叶是琐罗亚斯德教徒，那么这里就是保存着祆教的圣火。代表佛法的佛光和象征琐罗亚斯德教的龙火争竞之下，把整个火室都点燃了，就像失火了一样。大迦叶以为佛陀可能遇害了。迦叶令五百弟子，持一瓶水，就掷灭火。

佛陀在火室内"以道神力，灭龙恚毒，降伏龙身，化置钵中"，用佛陀将毒龙收服——象征着佛教对异教的胜利。第二天一早，佛陀"持钵盛龙而出"。犍陀罗浮雕中，有佛陀向大迦叶及其弟子展示收服毒龙的作品。

最后大迦叶稽首礼拜，率五百弟子礼拜佛陀。迦叶和五百弟子须发自动掉落，披上袈裟，接受佛戒，做了沙门。

如果说佛陀收服迦叶教团是对异教徒的胜利，那么佛陀劝导自己的堂兄弟难陀出家，则是家族内部的度化。但是这次度化具有象征意义，涉及佛教关于情欲的论述。佛陀降伏外道迦叶使用更多的是神通和法力。而对于难陀，则是在佛陀设计的情景中得到启发和感悟，舍弃世俗专心修行。

图3-94

图3-95

图3-94 佛陀会见大迦叶,拉合尔博物馆
这一主题的浮雕都突出迦叶作为林修者的苦行形象。

图3-95 佛陀会见大迦叶,2—3世纪,白沙瓦博物馆
佛陀有背光,迦叶坐在茅棚里,而执金刚神手持金刚杵,跟随佛陀。

图3-96

图3-97

图3-96 降伏毒龙,密歇根大学艺术博物馆
画面生动有趣,展现了迦叶及其弟子们运水救火的场景。有的弟子攀爬到火室顶部往下浇水。毒龙呈蛇状,在佛陀的台座前,似乎即将被佛钵所收。

图3-97 降伏毒龙,拉合尔博物馆
浮雕上部表现的是降魔得道。下部画面中,佛陀向迦叶师徒展示了收服的火龙——从佛钵露出蛇首,非常生动。

图3-98

图3-99

图3-98 迦叶礼拜佛陀,大英博物馆

在浮雕中,执金刚神在佛陀的右侧,手持拂尘,似乎在给佛陀驱赶蚊虫。佛陀端坐树下,大迦叶合掌礼敬。

图3-99 迦叶兄弟礼拜佛陀,2—3世纪,绍托拉克出土,阿富汗国家博物馆

第三章 佛本生故事和佛传故事在犍陀罗的再造 195

难陀（Nanda）是释迦牟尼的同父异母弟弟，容貌端正，具三十相，只比释迦牟尼的三十二相少了两相：白毫，以及耳垂稍短。马鸣菩萨（Aśvaghoṣa）撰有《美难陀传》（*Saundarananda*），也是以难陀舍爱出家为描述对象。关于难陀出家的故事至少在公元2世纪的贵霜曾广为流传。

在故事中，难陀的妻子孙陀利（Sundarī）是大美女，难陀非常喜欢自己的妻子。释迦牟尼想度化他，把他骗到祇园精舍修行。叫人给他剃发，难陀留恋家中美丽的妻子，拒绝剃发。最后佛陀自己动手，帮难陀剃发，让他在祇园精舍修行。在犍陀罗艺术中，通常用难陀给佛陀送食的场面来表现这一故事。除此之外，也有用佛陀亲手为难陀剃发这个场景来表现难陀出家主题的。

佛陀施展神通，度化了难陀。受到教诲的难陀终于觉悟了，不再沉溺美色，最终成为佛陀重要的弟子。

图3-100 难陀出家，加尔各答印度博物馆

图3-101

图3-102

图3-101 难陀出家，大英博物馆

右侧是难陀和妻子孙陀利，孙陀利在化妆，侍女环绕；难陀拿钵欲出，扭头看着孙陀利，孙陀利似乎在叮嘱他早点回来。难陀有背光，只是比佛陀个头矮小。这符合佛教文献中关于难陀的记载——难陀比释迦牟尼三十二相少了两相，也深具资质。左侧是难陀将半钵饭递给佛陀，佛陀佯装拒不接受，将其诱回寺院。阳台上刻画有侍女，似乎在窃窃私语。整个浮雕栩栩如生，带有强烈的戏剧色彩。

图3-102 佛陀为难陀剃度，加尔各答印度博物馆

画面中佛陀亲自往难陀头上浇水，难陀无精打采地低头不语。执金刚神手持金刚杵侍立在侧。

第三章 佛本生故事和佛传故事在犍陀罗的再造　　197

5. 提婆达多谋刺佛陀

作为释迦牟尼年轻时的伙伴，难陀和提婆达多都跟随佛陀出家，但是两人的结局不同。在佛陀涅槃前七年，佛陀的堂兄弟提婆达多谋划取代佛陀成为僧团领袖。

提婆达多大概是佛陀生前最主要的挑战者。遵从他的教义的教派，被称为"提婆达多派"，根据法显、玄奘的记载，提婆达多派只供奉过去三佛，但是不奉释迦牟尼。玄奘还记载，他们不食奶酪，严格遵循提婆达多的遗训。

随着提婆达多修行、地位的提高，他向释迦牟尼提出领导僧团的要求。这种挑战佛陀地位的举动遭到了佛陀的反对。佛教文献中记载，在阿阇世王的配合下，提婆达多曾多次谋杀佛陀。后来阿阇世皈依佛陀，逐渐疏远提婆达多。这场早期的佛教路线斗争最终以佛陀取得胜利而告终。

图3-103 刺客杀佛，加尔各答印度博物馆
刺客出现在图像的左侧，右侧的佛陀平静自若，而佛陀身后的执金刚神似乎惊到，发出惊呼。

提婆达多谋害佛陀，种类繁多，包括刺客杀佛、推石压佛、醉象害佛、爪毒伤佛、抛车击佛等恶行。这些内容，在犍陀罗美术中有生动的呈现。

在佛本生故事中，提婆达多往往在佛陀的前世中就与佛陀为敌，比如在"须大拿本生"中向须大拿太子求施儿子的婆罗门也被认为是提婆达多的前世。

图3-104

图3-105

图3-104 推墙压佛，大英博物馆
画面的左侧是试图推倒围墙的刺客，右边佛陀倾身用手托住了墙，佛陀旁边的执金刚神手持金刚杵，跃跃欲试。执金刚神是希腊大力士装扮。

图3-105 推墙压佛，大英博物馆

图3-106

图3-107

图3-108

图3-106 刺杀佛陀，拉合尔博物馆

图3-107 降伏醉象，白沙瓦博物馆
画面非常紧张，醉象冲向佛陀时，众弟子惊慌失措，释迦牟尼轻轻用手抚摸大象的额头，以神通驯服醉象，丝毫没有受到伤害。

图3-108 降伏醉象，维多利亚和艾尔伯特博物馆

6. 收服恶神和度化众生

佛陀在传法过程中降伏各色危害众生的恶神，包括夜叉、恶人、龙王等等，似乎反映的是佛教对地方"邪神"信仰的胜利：从"邪神"崇拜中争夺信徒。这类故事很多，在不同宗教中也常有表现。犍陀罗艺术中对佛陀战胜这些"邪神"多有渲染，是浮雕造像的重要主题。

指鬘王（Aṅgulimāla）在汉文文献中被翻译为多个名字，比如"央崛摩罗""央崛鬘"等。玄奘在《大唐西域记》中记载，"杀人取指，冠首为鬘"。在犍陀罗浮雕中，"央掘摩罗皈依"作为佛传故事的重要主题，多次出现。比如拉合尔博物馆所藏的"央掘摩罗皈依"浮雕。

佛陀还以智慧和无畏，降伏食人夜叉阿拉毗克（Yakṣa Āṭavika）。由于佛陀的度化，阿拉毗克皈依佛法，从杀人的恶神转变为保护人的善神。在佛陀降伏食人夜叉阿拉毗克的故事中，阿拉毗克是以故事的主要角色出现的。在西格里等地出土的相关浮雕（窣堵波上），刻画了阿拉毗克更为详细的皈依场景。

佛陀降伏斯瓦特河上游经常令河流泛滥的龙王阿波逻罗（Apalāla），在佛教文献中记载不多，似乎这一事件是后来加进佛传故事的。玄奘《大唐西域记》记载，阿波逻罗龙王是斯瓦特河的龙王。他损害土壤，危害人间。佛陀怜悯此国人，于是带执金刚神来到龙泉。执金刚神"杵击山崖"，使用金刚杵敲击山崖，恐吓龙王。阿波逻罗龙王深感恐惧和震惊，于是从水里出来皈依。大英博物馆所藏"降伏阿波逻罗龙王"片岩石雕所描绘的场面，跟玄奘的记载高度吻合。

在佛传故事中，除了佛陀降伏的斯瓦特河的阿波逻罗龙王之外，塔克西拉地区也流行医罗钵呾罗龙王（Naga Elapattra）的传说。唐

图3-109

图3-110

图3-109 降伏食人夜叉阿拉毗克,拉合尔博物馆
场景中,佛陀端坐拱门之下的莲花宝座上,全跏趺坐,施无畏印。左侧是食人夜叉阿拉毗克双手将孩童奉还给佛陀。右侧则是国王一家,国王双手合十礼拜,身后是王后,国王夫妇之前是一个孩童,应该是准备献祭的王子。

图3-110 降伏食人夜叉阿拉毗克,加尔各答印度博物馆
场景中,佛陀全跏趺坐,施无畏印,左边的阿拉毗克将孩童奉献佛前。

图3-111 降伏食人夜叉阿拉毗克,3—4世纪,松冈美术馆

图3-112

图3-113

图3-112　降伏阿波逻罗龙王，大英博物馆

图3-113　阿波逻罗龙王礼拜佛陀，拉合尔博物馆

图3-114

图3-115

图3-114 降伏阿波逻罗龙王,拉合尔博物馆

画面中,佛陀接受龙王的礼拜,龙王身后是龙后,佛陀身后站立着强壮的执金刚神。

图3-115 降伏阿波逻罗龙王,印度国家博物馆

朝时玄奘经过这里的时候,还专门记载了这个故事。塔克西拉最初应该有龙王的本地信仰,后来这些土神被佛教纳入自己的万神殿,成为佛教神祇的一部分。

犍陀罗美术中还有表现佛陀度化摩纳的故事,在汉文《佛说鹦鹉经》中,能找到这个故事的一个版本。

图3-116 医罗钵咀罗龙王的拜访,2—3世纪,大英博物馆
浮雕可能是装饰板的一部分,周边有装饰符号。左部残缺,右部完整。佛带有背光,右肩裸露,手势做传法状,结跏趺坐。面容宁静,眼睛睁开。右边是礼拜佛陀的三位僧人,两位坐着,一位站立。最值得注意的细节出现在佛陀宝座的前面:一条蛇盘绕三次,抬头吐舌对着佛陀。

图3-117

图3-118

图3-117 医罗钵咀罗龙王的拜访，白沙瓦博物馆
画面中，医罗钵咀罗龙王有五个头，符合佛教文献所说的多首龙的描述。犍陀罗浮雕中，除了用人形表示龙王外，很多作品中就是把龙表现为蛇的样子。

图3-118 白狗吠叫，加尔各答印度博物馆

7. 德护皈依和月光授记

如果说佛陀跟提婆达多的斗争，是佛教僧团内部的争夺，那么度化德护（Śrīgupta）长者，则是释迦牟尼和外道的斗争中取得的一个重要胜利。德护长者是居住在王舍城的有权势者。他不信佛法，崇信外道六师。外道六师撺掇他陷害佛陀。根据汉译《德护长者经》描述，他们计划邀请佛陀到德护家中，准备谋害他。

德护长者有个儿子叫作月光，规劝父亲不要做这种恶事。但是德护不听，坚持己见。佛陀施展神通，挫败了谋杀图谋。德护见到佛陀的神通，大受震动，礼拜佛陀，真诚在佛陀前忏悔。

月光童子诸经中，有些版本加入了释迦牟尼预言月光童子下生为转轮圣王的预言，比如《德护长者经》说："又此童子……于当来世佛法末时，于阎浮提大隋国内，作大国王，名曰大行，能令大隋国内一切众生，信于佛法，种诸善根。"这段话一般被认为是翻译者为隋文帝做政治宣传加进去的，目的是宣扬隋文帝是月光童子下生。

图3-119 德护的邀请,加尔各答印度博物馆
画面中出现了月光童子,站在德护长者之后。这个童子将在中国中古史上扮演重要的角色。

8. 舍卫城神变和三道宝阶而下

佛陀在第二十五年到了舍卫城的祇树给孤独园坐夏。在那里一位商人给孤独（Anathapindada）为佛陀及其弟子捐建了祇园精舍。但是在舍卫城，佛陀取得的最大成就，是彻底降伏六师外道。这是佛教发展史上的著名的事件。

面对六师外道的挑战，佛陀最终施展双神变大神通，令在场的天人、龙、人等众生震撼异常。汉文佛教文献对这场佛教和外道的"大决战"有诸多细节性的描述。比如佛陀现四威仪行立坐卧，入火光定出种种光（青、黄、赤、白、红），身下出火身上出水，身上出火身下出水；施展神通，召唤诸龙持妙莲花，大如车轮数满千叶，以宝为茎，金刚为须，从地涌出。佛陀在莲花上安稳而坐，并在无量妙宝莲花上展现化佛神通，让每朵莲花上都有化佛安坐。佛陀展现的大神通，彻底击败了六师外道。

在"舍卫城神变"的故事情节中，那伽龙王扮演了重要角色——当佛陀需要莲花作为道具时，那伽龙王献出此物。集美博物馆所藏最为经典的舍卫城大神变浮雕（双神变）的基座上，就刻着五朵莲花，或许就是取义于此。文献的记载，也被犍陀罗浮雕的图像所佐证。拉合尔博物馆所藏"舍卫城神变"浮雕，以结跏趺坐的佛陀为中心，扩散到诸佛、菩萨、天人、龙王、供养人等。浮雕上的很多细节符合文献的记载，比如浮雕底部就有龙王礼敬、献出莲花的画面。

释迦牟尼通过神通到三十三天面谒母亲，为她说法。这是佛传的一个重要主题，表达了回报母亲恩情对佛教的重要性。讲法完毕，帝释天制造金、银和宝石三梯，众天神和大梵天护送佛陀从天上下来。"三道宝阶降下"是佛传中的重要主题，在犍陀罗佛教艺术中也常有表现。比如斯瓦特博物馆藏"三道宝阶降下"浮雕中，在中间宝阶的最下层，刻有佛陀的足迹。一位比丘尼跪在佛足迹前迎接。这个佛陀

图3-120 给孤独长者的馈赠，2—3世纪，大都会博物馆

图3-121 欢迎佛陀进入舍卫城，大都会博物馆

图3-122a

图3-122 a~e 舍卫城神变，拉合尔博物馆

以结跏趺坐的佛陀为中心，左右胁侍菩萨，扩散到周围众多佛、菩萨、天人、龙王、供养人等，构成通常所说的净土变相的形式。整尊造像上一共表现了67个人物，每个人物都栩栩如生，有自己的身份特点，是犍陀罗文明不可多得的人类文化遗产。浮雕上的很多细节符合文献的记载，比如佛陀召唤龙王前来礼拜，在此浮雕底部就有龙王礼敬的画面。

图3-122b

图3-122c

图3-122d

图3-122e

第三章 佛本生故事和佛传故事在犍陀罗的再造 213

的足迹，就用来象征佛陀。

佛陀从忉利天下来，一个很重要的细节，就是在人间恭候佛陀下来的人，必须是转轮王。但是犍陀罗浮雕中，转轮王往往是一个女性形象。这个女性形象，是女尼莲华色（Utpalavarna）。根据《杂阿含经》卷二三、《增一阿含经》卷二八等记载，佛陀返回人间时，莲华色化作转轮王之身，迎接佛陀，之后再恢复本来面目礼拜佛陀。

图3-123 三道宝阶降下，斯瓦特博物馆
梵天和帝释天在宝阶两旁双手合十，用佛足迹表现佛陀，在犍陀罗艺术中相当少见。

图3-124 忉利天说法与三道宝阶降下，2—3世纪，白沙瓦博物馆

这个拱门形的浮雕作品分为三层。最里一层描述的是释迦牟尼从忉利天返回。佛陀正准备沿着中间的那道宝阶下来，梵天和帝释天侍从左右，沿着左右的宝阶下来。左右各有一个飞翔的人物形象在撒花。左右两侧各有三个信众，双手合十，恭候释迦牟尼。在宝阶到达地面的左边，有一个跪倒在地的人物形象，似乎在迎接佛陀的降临，这应该是佛教文献中提到的比丘尼莲华色。莲华色化身为转轮王，是第一个迎接佛陀从天上下来的人。中间一层描述了佛陀端坐中间，左右各有五个信众护侍。在两侧信众之后，是一对狮首鱼尾的海兽。最外一层有所毁坏，但内容结构和第二层类似。

9. 优填王与释迦牟尼瑞像的出现

在佛教文献中,"瑞像"作为佛像中一种非常特别的造像样式,其最早的源头是"优填王旃檀瑞像"。优填王(Udayana)是憍赏弥国的国君。根据《增一阿含经》记载,有一次,帝释天邀请佛陀上升忉利天说法。优填王忧愁过甚,以牛头栴檀作如来形象。这样一来,国王就可以时时供养。表现这一佛传主题的犍陀罗浮雕,存于白沙瓦博物馆和大都会博物馆等地。

图3-125 优填王献瑞像,3—5世纪,大都会博物馆

10. 施土因缘和育王授记

燃灯佛授记与阿育王施土两个情节,似乎并不相关,但是实际上关系非常紧密。前者是释迦牟尼获得授记,得到成佛的预言,将在未来世成佛。后者则是阿育王的前世小儿获得授记,得到将来成为转轮王的预言。这两者一个是成佛,一个是成为转轮王,却是从宗教和世俗两相对应的。比如拉合尔博物馆所藏的一块燃灯佛授记造像,就是和阿育王施土因缘连在一起的。"阿育王施土因缘"在犍陀罗艺术中有很多作品,传入东亚后也成为广为流传的艺术主题。

11. 菴婆波利布施芒果园和最后的告别

从一个妓女成为佛陀重要的弟子,莲华色并不是唯一的例子。菴婆波利(Amrapālī)也是从社会的边缘修行成为佛陀的追随者。菴婆波利将自己的芒果园奉献给了佛陀,作为僧团居住修行之地。关于这个情节,在犍陀罗艺术中也有不少体现。

在佛陀涅槃之前,菴婆波利知道了,前来礼拜佛陀。西格里窣堵波出土的成组佛传浮雕,其中一块,就是描写菴婆波利的故事。当时世尊为来众说法,讲述六道轮回之苦。言毕,佛陀起身前往干荼村中,并且制止众人跟随。但是菴婆波利等心怀眷恋,不忍离去。于是佛陀施展神通,化作河水,将众人隔开。菴婆波利等人只好绝望而回。

图3-126

图3-127

图3-126 施土因缘，哈达出土，集美博物馆
浮雕由上下两部分组成，下面是初转法轮，上面是小儿施土。画面中佛陀面对两个小儿，其中一个似乎在将土放入佛钵中。

图3-127 小儿施土因缘，加尔各答印度博物馆
画面中执金刚神跟随佛陀，有手捧丰饶角的人，表现诸天神观礼的场景。

图3-128 菴婆波利的拜访,拉合尔博物馆
图像的左侧是菴婆波利,右边是听法的比丘。

图3-129 菴婆波利的拜访,西克里出土,拉合尔博物馆
故事框定在两根科林斯柱之间。佛陀端坐莲台上,持无畏印,可惜面部损坏。配角人物相比佛陀形象小很多,描述了菴婆波利拜访佛陀的情景。但是这个场景具体描述的是菴婆波利献芒果园,还是佛陀涅槃前菴婆波利的告别,不能完全确定。前者的可能性更大一些。

五　佛陀的葬礼：涅槃与分舍利建塔

早期印度佛教在表现佛陀涅槃这一情节时，拒绝用死亡场景，而用窣堵波来标志佛陀涅槃。而犍陀罗的涅槃图像却是现实主义的描写手法，的确将佛陀的入灭描写成了一个令人悲痛的死亡场景。除了涅槃场景外，犍陀罗浮雕还表现了包括末罗族人将佛陀入殓，荼毗（jhāpita，即火葬），以及荼毗之后搬运、守卫、分舍利、起塔供养等场面。

2世纪以后，犍陀罗地区开始出现以右胁累足而卧的释迦牟尼为中心人物的涅槃图像。在这种宗教图像中，释迦牟尼周围围绕着悲痛的弟子、众神、末罗族举哀者，甚至外道等人物形象，少则四五人，多的达四十多人，一起为佛陀离开而悲痛欲绝。在构图上，犍陀罗浮雕也出现了将太子出生和佛陀涅槃两个场景连在一起的做法，通过"出生"和"入灭"两个场景，来象征佛陀的神圣历程。

犍陀罗的涅槃浮雕，一般都属于小型的雕塑作品，作为佛传故事的一环进行表现。

有些学者认为此类涅槃图像的出现，受到了源自希腊、罗马文化系统内的石棺卧像"死者的飨宴"以及"装饰盘"的影响。

但是跟希腊、罗马图像相比，犍陀罗涅槃图也有明显的区别，比如佛陀并非仰卧，而是右胁而卧，双足相叠。这种卧法或许就是《增一阿含经》所描述的"狮子的卧法"。这一点在犍陀罗艺术中被严格遵行：在已知犍陀罗涅槃图中，释迦无一例外都是"狮子的卧法"，绝对不会出现仰面朝上的卧姿。不过在中国、日本的涅槃图中，偶尔却会因为人为的疏忽，将入灭的释迦表现为正面朝上。

释迦的弟子是犍陀罗涅槃图中的重要角色，关于他们的举止和故事，基本都能从《涅槃经》中找到文献依据。每个弟子都有符合自己身份和修为的角色，比如，在涅槃图中，往往有一个悲痛欲绝、扑倒

图3-130

图3-131

图3-130 可随身携带的佛龛，4—5世纪，大都会博物馆
表现的是佛陀出生和涅槃两个场景，一头一尾，象征了整个佛传故事。

图3-131 佛陀涅槃、分舍利、礼敬窣堵波，白沙瓦博物馆

图3-132

图3-133

图3-132 佛陀涅槃（台座是扛花环童子），2—3世纪，东京国立博物馆

图3-133 佛陀涅槃，斯瓦特风格，大都会博物馆

画面中，须跋陀罗是面朝佛陀，在有的浮雕中，他是背对佛陀的。

在地的弟子，同时有一个出手相挽、冷静劝导的弟子。这一对角色，学者们基本确定就是阿难（Ānanda）和阿那律（Aniruddha）。

在犍陀罗涅槃图中，佛陀最后一个弟子须跋陀罗（Subhadha）的形象很容易辨认，而且在犍陀罗涅槃图中出现得最为频繁。须跋陀罗不忍目睹释迦入灭，于是在释迦入灭之前先进入灭定。覆头僧衣标志其修行僧的身份。这种形象的须跋陀罗形象在巴米扬、克孜尔、敦煌的涅槃图中被严格继承，也见于云冈、法隆寺"玉虫厨子"板绘。除了覆头衣，须跋陀罗的另外一个特征是三脚架吊着的皮质水袋，不过这个符号在东亚佛教中罕见。

摩诃迦叶在犍陀罗涅槃图中不可或缺——因为涅槃故事的结束，需要通过迦叶礼拜佛足，荼毗之火才能燃烧起来——是否也跟他具有火的神通有关？在犍陀罗涅槃图中，迦叶的角色，有跟手持曼陀罗花的外道对话的形象，也有礼拜佛足点燃荼毗之火的形象。在犍陀罗涅槃图中，多以赤裸儿童表现外道。

在犍陀罗涅槃浮雕中，佛陀的守卫执金刚神表现得非常悲伤。他有时出现在释迦枕边或者背后，有时出现在床座的前面。当他出现在前面的时候，表现的是悲痛欲绝倒地的形象。玄奘《大唐西域记》中"拘夷那揭罗国"条记载："普贤寂灭，侧有堵波，是执金刚神躄地处。"这一点，在犍陀罗涅槃浮雕中也被表现出来。执金刚神丢下金刚杵，仆倒在地的情节，后来也被中国和日本的涅槃图所继承。

娑罗树是犍陀罗涅槃浮雕中的又一个典型特征。诸本《涅槃经》记载，佛陀的床座位于拘尸那罗的两棵娑罗树之间，所以犍陀罗浮雕在画面两端各配一棵娑罗树，很少有省略的情况，除非画面太小。

按照佛陀的遗言，是拘尸那罗的末罗人为佛陀举行葬礼。待荼毗完毕，末罗人用香水灭火。荼毗后七日夜，起大高楼而以舍利置于楼上，即严四兵，防卫守护，并且种种供养。

巴米扬存在巨大的涅槃像，玄奘在7世纪经过这里的时候，记载

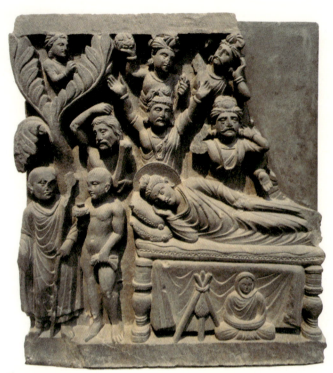

图3-134

图3-134 佛陀涅槃，2—3世纪，弗利尔美术馆
画面左边，裸体外道和匆匆赶来的大迦叶正在对话。

图3-135 佛陀涅槃，维多利亚和艾尔伯特美术馆
画面中，执金刚神因为悲伤过度而跌落金刚杵。

图3-135

图3-136

图3-137

图3-136 佛陀涅槃，大都会博物馆
图中顶部有从树丛中露出头部的女树神。

图3-137 佛陀涅槃，大英博物馆
涅槃图中人物最多的，通常是悲伤的末罗族人。

第三章 佛本生故事和佛传故事在犍陀罗的再造

道：在城东二三里伽蓝中有佛入涅槃卧像，长千余尺。国王在这里经常举行无遮大会，热闹非凡。这可能是历史上规模最大的涅槃像。2008年，法籍阿富汗考古学家塔尔兹（Zemaryalai Tarzi）在巴米扬找到了一尊19米长的卧佛的部分身体部位和残片，不知这是不是玄奘所记载的长千余尺的涅槃图。

最为显著的是，巴米扬石窟所表现的释迦涅槃中，出现了弥勒。这样就使故事出现了继续发展的可能。佛陀的涅槃不是结束，弥勒在未来降临世间，继续弘扬佛法。"涅槃"和"弥勒"正是从入灭到重生的意涵。这两个主题，也正是犍陀罗佛教艺术着重表现的内容。在涅槃诸经中，找不到有关弥勒的记载。他在涅槃图中出现，并不是来哀悼，而是代表着佛陀入灭，而佛法永恒。日本应德三年（1086）的高野山涅槃图中，右卧的释迦牟尼头前有一菩萨形的人物，榜题云"慈氏菩萨"。这种情况显示，从巴米扬到汉地可能有一个连续的传统。

根据《涅槃经》的记载，佛陀要如转轮王一样，用五百寻长的布来包裹佛陀遗体。这或许跟当地的葬礼传统有关。一寻为五尺或六尺，汉译佛经中，有的翻译为"五百段"，有的翻译为"三百余段"，藏传佛教传统则记载为五百层棉布。

在佛陀的遗体被用五百寻布缠绕之后，接下来就是纳棺。也就是将佛陀尸体纳入三层棺，犍陀罗浮雕中，也有展现将佛陀遗体纳棺的场面。

在纳棺之后，佛陀的遗体被运往拘尸那罗的火葬场进行荼毗，也就是火葬。犍陀罗浮雕中存在荼毗的场面。画面上一般是熊熊烈火将棺椁环绕，左右各有一个灭火人，根据文献记载，是两位末罗族首领在荼毗之后用香水扑灭熊熊燃烧的火焰，图像中可见他们手持系有水罐的长棒。

荼毗之后，待火尽灭，收取骨末，就是佛陀的真身舍利。在佛陀

图3-138 佛陀涅槃,约3世纪,柏林亚洲艺术博物馆

浮雕上的佛陀被用五百寻布层层缠绕,甚至连头部也不例外。唯一露出的是佛陀的双脚。这可能跟有关大迦叶礼拜佛陀双足有关,根据记载,只有在大迦叶礼拜佛陀双足之后,荼毗之火才能顺利点燃,佛陀的葬礼才能完成。

图3-139 纳棺,西克里佛传窣堵波,拉合尔博物馆

画面中有婆罗树、执金刚神、佛陀弟子等角色。《起世经》卷二记载,在纳棺之后,又"从上下钉,令其牢固",浮雕中可以清楚地看到下钉的样子,棺材上留有明显的钉牢的痕迹。

第三章 佛本生故事和佛传故事在犍陀罗的再造 227

图3-140

图3-141

图3-142

图3-140 荼毗之火，拉合尔博物馆

图3-141 荼毗之火（左边是礼敬佛陀舍利的场景），加尔各答印度博物馆

图3-142 荼毗之火（末罗族供养人喷洒香水、撒鲜花），集美博物馆

灭迹之后，他的遗体和遗物就成了佛教追随者心目中的圣物，因此也就引起了争夺。在犍陀罗浮雕中，可以看到守卫佛陀舍利的情形。

舍利作为重要的佛教圣物和政治象征物，不断被南亚、中亚，以及后来的中国君主所使用，形成一个绵延千年的传统。佛陀荼毗后，据《长阿含经》卷四和《菩萨处胎经》等佛经的记载，人间的八国王各严四兵来争舍利。最后各国达成协议，共分舍利。

佛陀舍利最后分成八份，分给八王。主持分舍利的香姓婆罗门把原先装舍利的瓶子带回，最后到达的毕钵孔雀王分不到舍利，于是将释迦牟尼荼毗后留下的炭灰带回去，也建塔供养。所以汉文佛典里说："八王起八塔，金瓶及灰炭；如是阎浮提，始起于十塔。"

在分舍利的犍陀罗浮雕中，中心人物是婆罗门陀罗那，他往往被描述为带胡须的形象，他端坐中间，主持分配。而在他左右两边则站着各国的使者，或四人，或八人，正在等待分配舍利。舍利的形状是

图3-143 守护舍利（两女分立荼毗之后尚未分配的佛陀舍利两侧），加尔各答印度博物馆

图3-144

图3-145

图3-146

图3-144 塔形舍利函，1世纪，大都会博物馆

图3-145 塔形青铜舍利函，4—5世纪，高57.8厘米，大都会博物馆

图3-146 舍利函（有明显的后期修补痕迹），1世纪，大都会博物馆

图3-147

图3-148

图3-147 分舍利,东京善养密寺
佛陀的遗骸被分成了八份,旁边的诸国使者在焦急地等待,手里捧着用来装舍利的容器。

图3-148 分舍利(台上只剩下五份舍利),拉合尔博物馆

第三章 佛本生故事和佛传故事在犍陀罗的再造

圆团状，有的上面有条纹。这大概反映了当时的丧葬风俗。

值得指出的是，似乎舍利崇拜只有在以犍陀罗地区为中心的西北印度才比较强烈，其他地区并没有如此写实而具体地描述舍利的艺术品。虽然参与分舍利的都是今印度本地的部族和国家，并没有佛典记载有今巴基斯坦、阿富汗或中亚地区的国家参与分舍利，但在犍陀罗分舍利浮雕中，出现了一些身穿束腰上衣和裤子，具有明显游牧民族装束风格的人物。而在搬运舍利的浮雕中，不但有大象，还出现了马匹和骆驼。这种骆驼，据说是产自巴克特里亚的双峰驼。

佛陀入灭后，舍利分散，建塔供养。此后，分舍利建塔成为佛教的重要传统。这种象征佛陀的纪念碑，被分散在重要的地区，成为佛教推广的尖兵。

多层基坛的佛塔，是犍陀罗佛教建筑艺术的一大特色。在建筑风格上，犍陀罗的佛教寺院较之印度已有明显变化。中印度窣堵波中的围栏和塔门已被舍弃，覆钵部分增高，渐趋缩小，台基增高，多至数重，伞顶也升高伸长，伞盖增至7层或13层。犍陀罗佛塔主要由方形基座、圆柱形塔身、覆钵、相轮、伞盖几部分组成。在大型窣堵波周围，还由佛教徒赠建了许多小塔，称奉献塔。

图3-149

图3-149 送舍利,拉合尔博物馆
护送者骑的是骆驼,身穿游牧民族服装,手捧舍利容器,或许显示佛教在中亚地区传播的情形。

图3-150 送舍利,巴基斯坦考古研究所
场景中,护送舍利的人骑着大象,手捧塔形舍利函。分舍利的八王中,有的佛典说有乌仗那国王上军王。如果是这样,最初分舍利时就有一份到了犍陀罗斯瓦特地区。玄奘也记载了上军王骑白象送舍利回国,接近城门时白象暴毙化作巨石的事情。这块浮雕或许表现的是上军王护送舍利的情形。

图3-150

第三章 佛本生故事和佛传故事在犍陀罗的再造 233

图3-151

图3-152

图3-151 礼拜窣堵波，片岩浮雕，2世纪，柏林东方艺术博物馆
左侧是典型的犍陀罗窣堵波，方形塔基，中间是半圆形塔体，上面是三层象轮，有阶梯沿基坛而上。醒目的是窣堵波被四根阿育王柱环绕。阿育王柱象征护卫佛法的王权。

图3-152 礼拜窣堵波，布特卡拉出土

图3-153

图3-154

图3-153 法王塔,塔克西拉
建造于公元前2世纪,遗弃于6世纪。这可能是最早建造于大犍陀罗地区的佛塔,或许跟阿育王有关。

图3-154 窣堵波阶梯浮雕,约1世纪,斯瓦特出土,大都会博物馆
在上面有六个水神模样的形象。也有学者猜测,这是供养者的形象。供养者可能是船民。

六　圣物与容器

对佛陀圣物的崇拜是犍陀罗地区的一大特征。在印度其他地区，包括佛陀出生地，都看不到相关雕像或其他艺术品。佛顶骨、佛牙、佛影、锡杖、袈裟、佛发、佛钵、佛足迹、晒衣石等佛教圣物，广泛分布在犍陀罗、斯瓦特和今阿富汗南部的广大地区。法显的《佛国记》、宋云的《宋云行记》和《洛阳伽蓝记》、玄奘的《大唐西域记》等都对此有详细记载。

哈达在贾拉拉巴德以南，是一个重要的佛教中心，也是佛教艺术的天堂。窣堵波众多，供养佛顶骨舍利等。据玄奘记载，这里还供养着释迦牟尼的袈裟、锡杖，乃至世尊的眼睛。

哈达的本来意涵就是"骨"，反映了此处供奉佛陀舍利的神圣性。中国西行求法僧人往往去这里朝圣，法显、宋云、玄奘等都曾在此驻足。哈达的佛教艺术有自己的特点，灵动多样，包容了希腊、伊朗、印度等多种文化元素。跟犍陀罗核心区不同，这里的雕像往往是用灰泥雕塑而成。灰泥质地柔软，雕像柔美细腻，相比犍陀罗佛教造像的静穆庄严，这里的佛教造像更加柔和静谧。

除了贾拉拉巴德、布路沙布逻等地供养着佛陀圣物，根据玄奘的记载，迦毕试也保存着释迦牟尼的遗骸和圣物，比如佛发。玄奘在《大唐西域记》中记载其在迦毕试见到佛发的情形："如来发，发色青绀，螺旋右萦，引长尺余，卷可半寸。"李延寿《南史》等对佛发都有描述。2001年3月，浙江省文物研究所对雷峰塔地宫进行考古发掘，出土了装有吴越国王钱弘俶供奉的佛发舍利，这一佛教珍宝被称为"佛螺髻发"，螺髻正是如来三十二相之一。

作为舍利崇拜最根深蒂固的地区，犍陀罗出土了大量的舍利容器。这些舍利容器一般外层是陶、滑石、冻石、片岩等质地，而内层用较为贵重的黄金、水晶等材料制成，形状有窣堵波形、桓娑形、圆

图3-155　佛头或菩萨头，哈达出土，大都会博物馆

图3-156　哈达的小型供养窣堵波

图3-157　佛头，灰泥雕塑，4—5世纪，高29.2厘米，哈达出土，维多利亚和艾尔伯特博物馆

图3-158　鎏金阿育王塔，雷峰塔地宫出土

图3-159　礼拜佛陀发冠，拉合尔博物馆

图3-160　礼拜佛陀发冠，白沙瓦博物馆

筒形和罐形等。尽管佛教的最高理想是跳脱六道轮回，然而对大多数俗人来说，他们只想选择现实的目标——争取获得更好的转生。舍利容器中保存的铭文，清楚地说明舍利供养者的愿望。比如大都会博物馆收藏的印爪瓦门（Indravarman）王子和拉玛卡（Ramaka）供养的舍利容器，都带有类似愿望的铭文。

图3-161a

图3-161b

图3-161c

图3-161 a~c　印爪瓦门舍利容器，5—6年，直径9.2厘米，巴基斯坦出土，大都会博物馆
在有纪年的铭文中，印爪瓦门列举了很多亲人的名字，希望能够通过供养佛陀舍利为他们积攒功德，往生天界。

第三章　佛本生故事和佛传故事在犍陀罗的再造　　239

犍陀罗现存的舍利容器中，与舍利一起，往往保存着宝石、水晶、钱币、金银艺术品等在当时被认为是贵重物件的东西。这也符合佛教文献的记载。而且这种做法在东亚地区也被继承下来。中国出土的舍利容器中，往往也伴随着金银珠宝。

经历千年风霜、至今矗立在西安的大雁塔是中国中古时代带有强烈世界主义（cosmopolitanism）色彩的辉煌文明的见证者。它的得名，也跟舍利崇拜有关系。它的基本意涵来自跟舍利崇拜关系密切的一种神鸟"桓娑"（Hamsa）。

桓娑是吠陀时代主神梵天的坐骑，在印度教里它象征着梵天。在佛教中，桓娑的飞翔象征着跳脱六道轮回（samsara）。桓娑作为一种精神符号和装饰元素，在犍陀罗艺术中常常出现。其出现在跟佛陀舍利供养有关的器物上，比如舍利容器、佛塔等，显示它跟跳脱六道轮回、涅槃等主题有关。

1861年，在塔克西拉出土了一个圆形的石罐，在石罐里发现了一件水晶制成的桓娑形状的舍利容器。同时出土的还有一件大约3英寸长的带有铭文的金叶，即学界所谓的"塔克西拉文书"（Taxila scroll），时代是1世纪前后。铭文的意思是："喜娃（Sira）在桓娑（形的容器）中保存一片佛祖的舍利，（以此功德，）祝愿父母获得（更好的）重生。"[1]舍利容器的造型选择桓娑，也清晰地解释了桓娑作为重要佛教信仰符号的意义。

有名的毕马兰的金制舍利盒，时代可能属于1世纪前后，也带有桓娑符号。其铭文翻译过来，大体意思是："蒙迦宛达（Mumjavamda）

---

[1] E. Errington, *The Western Discovery of the Art of Gandharaand the finds of Jamalgarhi*, London: University of London Press, pp.177-178. 有关讨论也请参看 Vadime Elisseeff, *The Silk Roads: Highways of Culture and Commerce*, Berghahn Books, 1998, p.121; W. Zwalf, *Gandhara Sculpture in the British Museum*, 1985, p. 345, cat. no. 657.

图3-162

图3-163

图3-162　大雁塔

图3-163　桓娑形水晶舍利容器，塔克西拉出土，大英博物馆

之子喜娃拉兹达（Shivaraksita）的神圣供品，以众佛之名，供奉佛陀舍利。"在毕马兰舍利函的上部，每个连拱门之间，都刻画了一只伸展翅膀的类似雁形的鸟，若结合其他舍利容器，可以推断，这里展现的依然是桓娑。桓娑在这里的意涵，应该跟其他地方出土舍利容器上的符号一样，代表跳脱六道轮回等佛教教义。

前文我们提到的迦腻色迦青铜舍利函盖子边缘也装饰了一圈飞翔的桓娑，象征着从六道轮回中跳脱，这也是佛教的一种最基本的理想，有一些桓娑嘴上还噙着象征胜利的花环。

桓娑作为重要的宗教符号，也出现在于阗。纽约大都会博物馆所藏编号为30.32.8的彩色浮雕，表现的是带有花冠状尾翼的桓娑。此浮雕出土于新疆和田和叶城之间的帕尔漫，属于6—7世纪的于阗王国。这块带有桓娑形象的浮雕，是一座佛教寺院内部墙壁装饰的一部分，可以揣测，这里的桓娑并非一只，而是如其他佛教遗迹所见的桓娑一样，是一长串圣鸟中的一只。这一长串的桓娑，很可能是围着四面墙壁的下沿，划出一个神圣的宗教空间。

在库车石窟天象图中，描绘有立佛像和数量众多的飞鸟，那些飞鸟也是桓娑。从印度本土到大乘佛教兴起的犍陀罗地区，桓娑作为跟佛陀、涅槃、重生、舍利供养等佛教意涵紧密相联的符号和形象，沿着丝绸之路一路东进。一方面，体现在佛教艺术和建筑上，不论是佛教雕塑、壁画，还是舍利容器，都可见到桓娑成行飞行的形象；另一方面，作为重要的概念，桓娑被翻译为雁，进入中土佛教的话语系统，佛塔（塔的本意就是坟墓）作为保存佛陀舍利的神圣空间，如舍利容器一样，也就被冠以"雁塔"的名称。这一名称，并不被西安大雁塔所专有，也跟具体的僧人无关，它所植根的是佛教最基本的信仰和思想传统，闪耀着中外文化交流的光芒。

图3-164

图3-165a

图3-165b

图3-164 毕马兰舍利函,大英博物馆

图3-165 a,b 带有桓娑形象的于阗佛寺建筑装饰浮雕及其边框,大都会博物馆

第三章 佛本生故事和佛传故事在犍陀罗的再造 243

图3-166 佛陀坐像，2—3世纪，片岩浮雕，犍陀罗夏玛尔·嘎里（Jamal Garhi）地区出土，大英博物馆
佛陀结讲法印，有背光，整个雕像极富感染力，细节刻画得很完美，展现了佛陀作为众生导师的形象。

IV

第四章 佛像与菩萨像的兴起

在犍陀罗兴起的大乘佛教，其核心的信仰和理念从追求个人的自我救赎转变为标榜拯救一切众生。并以此为标准，把追求自我解脱之道称为"小乘"，把普救众生之道称为"大乘"。这对佛教的神格体系也产生了根本性的影响。追求自我解脱的小乘佛教视佛陀为人格化的导师，而非无所不能的神祇。但是在大乘佛教的体系里，佛陀成为最高神灵——这一点在迦腻色迦的钱币上有所表现。迦腻色迦钱币上出现了佛陀的形象，和其他出现在迦腻色迦钱币上的印度教和袄教诸神一样，显然佛陀已经被视为神。

菩萨和佛是紧密相关的一对概念。佛果的成就，需要依照菩萨行而圆满成就。可以说，最能体现大乘佛教这一核心理念的，就是"菩萨"（Bodhisattva）概念的出现。

一般认为，"菩萨"的概念在公元前后出现，他"发菩提心，修菩萨行，求成无上菩提"，宣扬"佛果庄严，菩萨大行"，这跟"发出离心，修己利行，求成阿罗汉"的旧传统有区别。慈悲和智慧，成为菩萨的最好形容。菩萨信仰随着佛教传入中国，再传入日本和朝鲜半岛，东亚菩萨信仰也达到顶峰，成为东亚信仰世界的重要组成部分。

图4-1

图4-2

图4-1 菩萨立像,拉合尔博物馆

图4-2 菩萨残躯,4—5世纪,大都会博物馆

图4-3 菩萨躯干，5世纪，大都会博物馆

图4-4 菩萨头像，2—3世纪，大都会博物馆

一　佛内涵的变化和佛像的出现

相对数量众多的菩萨像而言，犍陀罗的佛像数量没有那么多。相比菩萨像多作奢华的贵族王子打扮，犍陀罗的佛像完全是朴素典雅、静穆无欲的姿容。佛像不佩戴装饰，而是以当时的僧衣为蓝本，大衣覆盖全身，起伏的衣纹展示佛陀伟岸的身躯。波浪卷发整齐束于头顶。犍陀罗的佛陀脸形圆长，鼻梁高挺，威而不露。坐像一般是结跏趺坐或者半跏趺坐，手结禅定印、说法印、无畏印等印式。早期犍陀罗的佛像双目圆睁，透出威严，往往带有髭须。随着时间推移，佛像慢慢垂下眼睑，半闭的眼睛透出沉思冥想的柔和之情。

犍陀罗佛像一般用当地出产的一种坚硬细腻的黑青色石料雕刻。雕刻完成后，在表面涂上一层胡粉再加上彩绘，这才完成一尊佛像的塑造。很可惜的是，由于年代久远，这些色彩很多已经从佛像上脱落了。犍陀罗的佛像大部分是释迦牟尼，但也有七佛或者四佛并列的情形，表现的可能是过去佛的信仰。由于没有文字资料，因此不能确定阿弥陀佛、药师佛等形象是否已经在犍陀罗出现。除了石刻佛像之外，犍陀罗也存在少量的金铜佛造像，身大手长，僧衣厚重，曲线显现，带有强烈的犍陀罗佛像写实主义的特征。中国魏晋南北朝时期的金铜佛雕像，明显也受到犍陀罗风格的影响。

在犍陀罗奠定的佛像模式，传入中土，对中国佛教造像产生了重要影响。犍陀罗佛像的影子和痕迹，在中国早期佛像中依然能够看到，比如后赵建武四年（338）的鎏金铜佛坐像。

那么，犍陀罗佛像是怎么产生的呢？

早期佛教思想，认为任何姿容和样式的形象，都不足以描述超越轮回获得最终解脱的佛陀。《增一阿含经》说，"如来是身不可造作"，"不可摸则，不可言长言短"。在佛像出现之前，也就是佛陀涅槃后的数百年中，人们往往用一些跟佛陀关系密切的符号或者物件

图4-5

图4-6

图4-5 佛陀立像（佛陀双目圆睁，带有髭须），白沙瓦博物馆

图4-6 佛陀立像，东京国立博物馆
犍陀罗佛像，高度写实的风格，完美的椭圆脸形，波浪式卷发，挺拔健硕的身躯，典型的希腊式高挺的鼻子，几乎完全是按照希腊美男子的审美标准塑造，却是来自犍陀罗的佛像。犍陀罗佛像呈现的是一种庄严静穆的宗教美感。

图4-7 佛陀坐像，鎏金铜佛，旧金山亚洲艺术博物馆
像高39.7厘米，为后赵建武四年塑，高肉髻，束发，着通肩式大衣，双手于胸前结禅定印，跌坐于四方台座上。

图4-7

第四章 佛像与菩萨像的兴起　　251

来象征佛陀,比如菩提树、法轮、佛足迹、台座、窣堵波等。建于公元前2世纪至前1世纪的巴尔胡特窣堵波围栏浮雕及桑奇大塔塔门保存了大量这样的作品。这种"看不见的佛陀",是佛教美术发展的重要阶段。

犍陀罗佛教艺术早期阶段可能延续了上述部分传统,比如不表现佛陀成道之后的姿容,因为成道之后就成佛,佛像无法表现。但是,似乎犍陀罗佛教艺术早期阶段非常热衷表现佛陀青年王子的形象和菩萨修行的形象。从逻辑上说,这个时候佛陀还没有成道,是可以表现出他的样貌的。在布特卡拉的佛传浮雕中,从未发现表现佛陀成道后场景的内容,都是佛陀青年时代、修行成道之前的内容。

图4-8 国王夫妇拜见佛陀,公元前2世纪早期,巴尔胡特,弗利尔美术馆
这是巽伽王朝艺术作品,画面中用法轮代替佛陀,此时佛像还没有出现。

图4-9

图4-11

图4-10

图4-9　佛陀坐像，弗吉尼亚艺术博物馆

图4-10　佛足印，西克里出土，拉合尔博物馆

图4-11　佛陀和菩提树，都灵东方艺术博物馆

第四章　佛像与菩萨像的兴起

公元1世纪的黄金之丘，虽然没有出土我们现在常见的佛陀像，但是似乎出土了另外一种样式的佛像——这种佛像可能是早期制作佛像的一种被放弃的样式。

阿富汗北部的希比尔甘（Shibarghan）位于首都喀布尔西北340公里，在其东北约5公里的地方有一处大夏至贵霜时代的城市遗址，遗址周围有一个直径百米、高三米的山丘，被当地人称为提拉达坂（Tillya-tepe，意为黄金之丘）。1978年11月，苏联和阿富汗联合考古队在这里发掘了六座墓葬。这六座墓葬有一座属于男人，其他是女性墓主人。最令人震惊的是，在这些墓葬中，考古队发现了多达两万多件金器及其他文物。出土物品具有多重文化属性，除了希腊神祇狄俄尼索斯、雅典娜等形象，还能看到来自中国的铜镜、叙利亚的玻璃、印度的象牙等。其中黄金之丘2号墓出土的铜镜上，有汉文铭文："君忘而失志兮，忧使心臾者；臾不可尽兮，心污结而独愁；明知非，不可久处（兮），志所欢，不能已。"意境悠远，应该是当时铜镜中的精品。

黄金之丘的六座墓葬，当时挖掘了五座，第六座完整保留下来，可惜的是，随后遭到洗劫。当时是苏联入侵阿富汗的前夜，出土的宝藏被迅速转移到阿富汗首都喀布尔。在20世纪90年代塔利班统治时期，很多人以为黄金宝藏被盗走了，但实际上被完好无损地保存了下来。2003年，这批黄金宝藏再次出现在公众面前。为此，阿富汗在喀布尔专门修建了博物馆用以保存。其中部分文物于2006—2007年在法国集美博物馆展览，2008—2009年在美国展览，2016年在日本展览。2017年，在中国展览。

黄金之丘的年代大致是1世纪的三四十年代，这正是贵霜第一代君主丘就却崛起的时期。4号墓男主人，约50岁，胸上有印度系的金币和中国铜镜，尸体右侧陪葬铁剑，左侧插置刀鞘、弓箭。很可能是一位贵霜翕侯，也可能是塞种人的酋长，甚至很可能是张骞见过的大

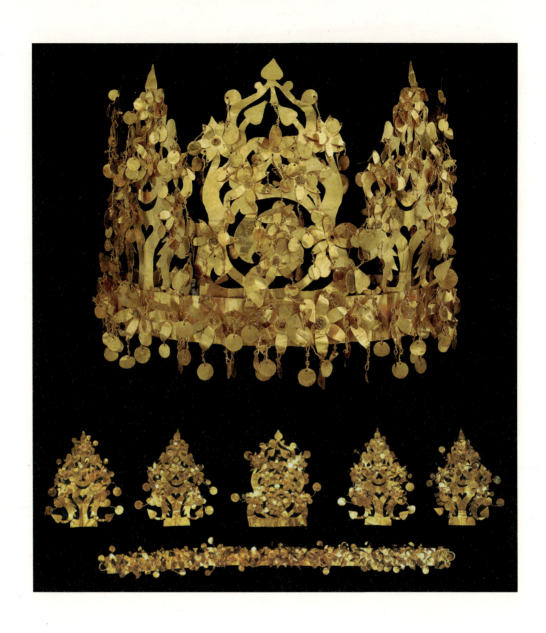

图4-12 步摇冠，6号墓出土，阿富汗国家博物馆

图4-13 带有雅典娜形象的戒指，2号墓出土，阿富汗国家博物馆

图4-14 驭龙者，3号墓出土，阿富汗国家博物馆

图4-15 a~c 黄金饰品，黄金之丘出土，阿富汗国家博物馆

月氏王侯。

黄金之丘提拉达坂展现的文化风貌，可能是犍陀罗佛教艺术形成之初的情况。最引人瞩目的是，在4号墓出土的金币上，可能出现了佛陀的形象。这枚金币上呈现的佛陀像跟传世风格迥异，甚至可以说完全是另外一种创造佛像的努力，但很可能是现存已知最早的佛陀形象，反映了犍陀罗艺术在发展初期对如何塑造佛陀像的探索和尝试。这种姿容的佛像很可能在后来的发展中被逐渐淘汰了，留下现在占据主流的佛像造型。

这枚印度系金币正面表现的是一个行走中的人，双手推动一个转动的轮子，上面的佉卢文铭文为"dharma-cakra pravata〔ko〕"，意思是"转法轮者"。金币上的"佛陀"，推动的法轮上有八条车辐，可能象征八正道。就铭文来看，表现的似乎是佛陀，因为转动法轮的只能是佛陀。佛第一次讲法也因此被称为初转法轮。但是，这枚金币上的人物形象，显然跟后世见到的佛陀有很大的区别，可能是混合了转轮圣王和希腊英雄形象的佛陀。该形象从左肩到腰部身披兽皮，看似尾巴的部分应该是兽皮的下端，很可能参考了希腊罗马神话中的大力神赫拉克勒斯的形象。很有可能的是，这是一种在佛像发明和发展过程中失败的尝试。

图4-16 带有佛陀形象的金币，4号墓出土，阿富汗国家博物馆
金币上的佛陀形象跟后世不同，是混合了转轮圣王和希腊神话英雄形象的人物像，从某种意义上说，这也反映了转轮圣王的形象。

这枚金币背面的图像也能说明问题。在它的背面是狮子的形象，狮子右爪抬起，面朝左边。其右上方是佉卢文铭文"Sih（o）vigatabhay（o）"，意思是"驱逐恐惧的狮子"。狮子经常象征佛陀或者菩萨的精神力量，通过狮子吼让世人惊醒觉悟，领会正法的真谛。在狮子前方是佛教三宝的符号。这可能是在犍陀罗佛教艺术萌芽阶段的一种艺术尝试，但这种样式没有被继承发展，也就没有成为后来的主流艺术形式，从而湮没在历史长河中。但这对理解佛陀形象的出现，提供了很重要的一个思路。

一般认为，犍陀罗佛像的创作理念，应该受到希腊、罗马艺术"神人同形"思想的影响，所以佛陀的姿容用人体雕塑的形式表现出来。带有浓厚希腊、罗马风格的犍陀罗佛像，被称为"希腊化的佛像"（Hellenistic Buddha）或干脆被称为"阿波罗式佛像"——一般认为，佛陀的背光形象来自于阿波罗，所以佛陀带有白种人的特征。犍陀罗佛像这种造像风格，影响深远，中国两晋十六国时期的金铜佛像，乃至云冈和敦煌的佛像，都受到犍陀罗艺术的深刻影响。

关于佛像到底最先在哪里产生，学者们围绕犍陀罗和马土拉两种观点争论不休。就菩萨像而言，根据出土资料，可以确证，现在通常接受的菩萨造型——传至中国的衣着华丽、身戴璎珞的王子形象的菩萨是诞生于犍陀罗地区，而非马土拉。在马土拉，佛像和菩萨像在外观上并没有显著的区别，如果不在铭文中明确标志佛像或者菩萨像，甚至难以辨别。犍陀罗的佛像和菩萨像应是符合当地贵族和商人的品位，其装扮并不是印度式的，而是融合多种文化传统的产物。

最早的佛像应该不早于2世纪。就如宫治昭指出的那样，无论是犍陀罗还是马土拉最先发展出佛像，有明确纪年的佛像最早也是属于迦腻色迦统治时期。除了白沙瓦附近出土的迦腻色迦舍利容器之外，迦腻色迦还把佛像镌刻在自己的金币上。

为圣人和英雄塑像，是希腊文化传统的一大特征。很可能，第一

图4-17

图4-18

图4-17 佛陀立像,白沙瓦博物馆
这是一种典型的所谓阿波罗式佛像,容貌带有希腊人特征。

图4-18 佛陀立像,白沙瓦博物馆
犍陀罗的佛像表现出超凡脱俗、静穆庄严的美感,同时具有世界主义的精神和气质。

第四章 佛像与菩萨像的兴起

图4-19

图4-21

图4-20

图4-19　典型的犍陀罗佛陀立像，加尔各答印度博物馆

图4-20　佛陀立像，拉合尔博物馆

图4-21　佛陀与供养人，泥塑，塔克西拉博物馆

尊佛陀的塑像就是一尊纯粹的阿波罗雕像，再加上佛陀的一些大人之相，其包着花头巾的发髻，最后发展成隆起的前额。

马歇尔在《犍陀罗佛教艺术》中将犍陀罗佛教艺术分为前后两个阶段。第一阶段是1世纪末到140年，这个时期，佛教艺术的主要形式是佛传故事，佛像在佛传浮雕中的地位并不突出；第二阶段是140年到230年，这个时期，出现了单体佛像。随着佛教发展，信徒们对礼拜佛像的要求越来越强烈，在3世纪开始，在窣堵波周围开始建造佛堂，供养佛像。这些佛像一般高3—4.5米。比如塔克西拉的法王塔，中心大塔的外围，建造了一圈佛堂供养佛像。但是这时的信仰中心仍然是礼拜佛塔，布施佛像。随着佛像神化程度越来越高，佛像越做越大，最终取代佛塔成为佛教徒主要的礼拜对象。

犍陀罗佛像早期的形象，带有自由灵动的气质，但到了后来，逐渐被一种冥想静穆的风格所取代。经过几个世纪的发展，佛像的眼睑渐渐低垂，面部线条慢慢僵硬，袍服越来越紧贴，躯干本身也越来越抽象，呈现出东方化、神秘化的发展轨迹。

有关佛像产生的讨论，除了强调希腊（小部分强调罗马）文化传统和艺术的影响，以及印度本土佛教艺术的元素外，也有学者强调伊朗文明的影响，或者强调贵霜王朝和贵霜文明的独特性对佛像产生的影响。桑山正进将佛像的出现与贵霜民族的民族性结合起来，认为佛陀偶像的产生与印度文化传统毫不相干。犍陀罗的佛教改革者，一方面，改变了涅槃内容，从无限轮回中的完全消亡变成《妙法莲华经》等所描绘的具体的极乐世界，吸引了实用主义的贵霜祆教徒的兴趣；另一方面，改革者强调布施带来的功德，保证大家即使不苦修，也能进入美妙的佛教极乐世界。田边胜美认为，犍陀罗佛像和菩萨像起源于伊朗，最根本的因素是贵霜文化自身的作用，而不是早期印度佛教和外来希腊罗马文化的融合。

意大利考古队在犍陀罗北部的斯瓦特谷地考古，发现了大量的佛

图4-22a

图4-22b

图4-22 a,b　装饰佛像，塔克西拉焦里安佛教遗址

图4-23　佛陀立像，3世纪，高92.7厘米，大都会博物馆

图4-23

教艺术品，其中最引人注目的是布特卡拉1号遗址。在断代为公元前后的佛教雕塑中，有以传统的佛足印、日轮表现佛陀的艺术品，有用释迦太子形象表现未出家的释迦牟尼，但是也发现了一些佛像。这些出土于斯瓦特的梵天劝请浮雕，一般是佛陀结跏趺坐于菩提树下、施禅定印，梵天和帝释天合掌胁侍两旁。

宫治昭认为，出现在犍陀罗和马土拉的佛像，右手扬掌向外施无畏印，可能是受到了西亚国王向神立誓、罗马皇帝向人民祝福的手势影响。简单地说，这是一种王者的手势。

犍陀罗佛脸部和躯体很多都曾施以金箔，以体现金色身相。

佛陀眉间白毫相及丈光相有文献的依据。根据佛经记载，佛陀眉间有右旋的柔软细毛，佛陀之光从这里发出。犍陀罗艺术家们往往在佛陀像眉间刻出一个圆形，到了后来，也在眉间挖出凹槽镶嵌宝石。田边胜美认为佛像的"白毫"可能是在中亚地区产生的，并影响到犍陀罗等地。在安息人和贵霜人铸造的钱币上，国王肖像就带有此类印记。这一面部印记与王权神授思想有关，源于中亚、大夏及邻近地区，随着贵霜人向南迁徙，传播到犍陀罗地区，并被贵霜王朝繁荣的犍陀罗艺术所接受，这也是用君主像描绘佛陀像的又一个例证。

图4-24

图4-25

图4-24　佛陀立像，施无畏印，塔克西拉博物馆

图4-25　佛陀立像（台座上似乎表现的是梵天劝请），大都会博物馆

图4-26 佛头,残存金粉,拉合尔博物馆

图4-27 佛陀坐像,头光,青铜镀金,1—2世纪,大都会博物馆

第四章 佛像与菩萨像的兴起

图4-28 佛陀立像，举身光，黄铜，6世纪晚期，高33.7厘米，大都会博物馆

图4-29 立佛，5—6世纪，木雕，大都会博物馆
这尊立佛出土于吐鲁番地区，可跟犍陀罗青铜佛陀立像对比。

图4-30 佛像头部细节，白沙瓦博物馆

二　几种特殊佛像样式

迦毕试（Kapisa），在汉文佛典里又被译为"迦臂施""迦毗尸""迦卑试""迦比沙"等名称。迦毕试的大体范围相当于今天的贝格拉姆，位于喀布尔西北几十公里处，地理位置非常重要。在历史上，这里是丝绸之路的重要一环，从这里往西，穿过群山，可以到达巴米扬。贵霜时期，尤其是迦腻色迦统治时期，迦毕试是贵霜帝国的夏都，是重要的军事据点和宗教中心。

迦毕试的佛像造像具有强烈的自身风格，跟其他区域不同。与常见的希腊样式犍陀罗佛像相比，迦毕试的佛像更加强调佛陀神通的一面，出现了火焰纹样的背光模式。有的佛像头光和背光都是火焰纹，头光边缘为锯齿纹。迦毕试佛陀造像双肩出火的形象，无疑令人想起了双肩出火的贵霜君主迦腻色迦。

迦腻色迦双肩发出火焰的形象，不仅出现在他的钱币上，也被汉文资料记载所印证。630年左右，西行求法的玄奘到达迦毕试国（今阿富汗贝格拉姆附近）。在这里，他听闻了贵霜帝国君主迦腻色迦降伏龙王的故事。在迦毕试北边兴都库什山中有龙池，内有恶龙。因为前世孽缘，经常刮起风雨，摧拔树木。迦腻色迦在雪山下修建的伽蓝、窣堵波，也被龙王毁坏。屡建屡毁之后，迦腻色迦兴兵讨伐，准备将龙池填埋。龙王显出神通，声震雷动，沙石如雨，军马惊骇。迦腻色迦大怒，乃归命三宝，请求佛法加护，发愿说："宿殖多福，得为人王。威慑强敌，统赡部州。今为龙畜所屈，诚乃我之薄福也。愿诸福力于今现前。"发愿完毕，迦腻色迦"即于两肩起大烟焰"，结果龙王震惧屈服[1]。

---

[1] 故事细节参看玄奘口述，辩机笔受《大唐西域记》卷一"迦毕试国"条，《大正藏》第51册，第874页中—875页上。

这个故事有一处细节很有意思：迦腻色迦双肩"起大烟焰"，就让龙王吓得投降了。据玄奘记载，这个神通源于迦腻色迦统治南赡部洲为王的福力，双肩出火正是其福力"于今现前"的结果。1912年，列维（Sylvain Lévi）在《通报》上发表文章，指出迦腻色迦的神通来自他作为佛教转轮王的福力[1]。无疑，玄奘记载的迦腻色迦降伏龙王的故事，佐证了列维的论述。佛教转轮王作为世俗世界的理想统治者，除了具有三十二相之外，还具有其他君主所不及的神力或神通，转轮王本身就是累劫修行积累功德的结果。

有关迦腻色迦的这些"荒诞"的传说，其实有着具体的宗教信仰的基础。玄奘留给后人的迦腻色迦双肩出火的神话，并不是他的想象和胡言乱语。大英博物馆藏迦腻色迦金币上，就赫然出现了这位伟大君主双肩出火的形象。这枚金币的背面是佛陀，身着通肩式佛衣，正面而立，右手施无畏印，左手拖拽佛衣一角，左侧有希腊铭文"BODDO"，即"佛"。贵霜钱币背面往往刻画各种神祇，希腊的、伊朗的、印度的。很显然，在这枚金币上，佛陀也被视为神，而不再是人间导师——这是大乘佛教的重要理念。最令人感兴趣的图像出现在金币的正面：作为君主的迦腻色迦，穿着厚重的服饰，长长的靴子，手持长矛，右手指向火坛。而他的肩膀发出火焰，呈现出"焰肩"的形象[2]。

迦腻色迦肩膀上发出的火焰，并不是特例。至少早在其父亲威玛·卡德菲塞斯的钱币上，就已经出现了双肩出火的君主形象。似乎是在迦腻色迦之子胡毗色迦统治时期，焰肩的形象符号，逐渐让位于头光和背光。焰肩的形象，可以说是贵霜王权的重要符号。而且，从迦腻色迦的这枚金币看，君主有焰肩，但是佛陀没有这一特征，或许

---

1 Sylvain Lévi, "Wang Hiuan-ts'ö et Kaniṣka", *T'oung-pao*, XIII (1912), pp.307-309.
2 参看 John M. Rosenfield, *The Dynastic Arts of The Kushans*, Berkeley and Los Angeles, University of California Press, 1967, pp.197-201。

说明这时候还没有用这一描述君主的符号来描绘佛陀。

玄奘记载迦腻色迦降伏龙王的地点正是迦毕试。从艺术风格来看，从这一地区的绍托拉克（Shadolak）、派特瓦（Paitava）等遗迹出土的佛陀造像，跟广义的犍陀罗佛像有显著区别。比如，特别突出佛陀的伟大，带有"反写实主义"风格，或者说带有浓厚的宗教神秘主义色彩。而迦毕试的佛像则贯彻了强调佛陀神通的思路，比如佛陀的头光和背光用火焰纹装饰，头光边缘呈现锯齿状。最为突出的就是大家熟知的双神变——佛像上身出火，下身出水，此造型很直接地表现了释迦牟尼、燃灯佛以及君主超凡神圣的特征。最具代表意义的是派特瓦出土的舍卫城神变大奇迹佛和绍托拉克出土的燃灯佛授记本生立像。本杰明·罗兰德（Benjamin Roland）认为，迦毕试的样式显然是宗教色彩浓于人文色彩，呈现出概括的、正面的、神秘的稚拙特征。佛陀从带有常人特点的导师形象，转变为威力巨大的、神通的神明。佛陀通过展现神通，驯服外道，说服信徒。迦毕试佛陀造像的变化，反映了佛教思想和传教方式的变迁。

佛像双肩发出火焰的造像，主要出现于迦毕试中部地区。焰肩佛的造型，似乎是迦毕试的传统。这种双肩发出火焰的造型，不仅见于释迦牟尼的双神变，而且见于燃灯佛，以及佛陀结禅定印、结跏趺坐的场景中——犍陀罗其他地区很少看到。一般认为，这是犍陀罗佛教艺术的晚期形式之一，兴盛于4—5世纪。最早传入中国的犍陀罗佛像有不少是带有火焰及背光的迦毕试风格佛像，新疆拜城县克孜尔石窟（第207窟壁画）、吐鲁番拜西哈尔千佛洞（第3窟壁画）和鄯善吐峪沟石窟壁画都能看到焰肩佛像。这种样式依次进入中国、朝鲜、日本，成为东亚佛教艺术中的常见样式。

佛像在创造的过程中，吸收了王者的形象和符号来装扮。比如佛和转轮王都有三十二相，甚至佛和转轮王的葬礼也都一样。从时间顺序上分析，迦毕试佛像出现双肩出火的形象，要远远晚于贵霜早期

图4-31

图4-32

图4-33

图4-31 威玛·卡德菲塞斯（带焰肩）金币，大英博物馆

图4-32 双神变，迦毕试式样，2—3世纪，74.4厘米×49.7厘米，柏林亚洲艺术博物馆

图4-33 双神变，镀金，迦毕试式样，高81厘米，集美博物馆

图4-34a　　　　　　　　图4-34b

图4-34 a~c　双神变，迦毕试，阿富汗国家博物馆　　　　　　　　　　　　　　　图4-34c

第四章　佛像与菩萨像的兴起

图4-35

图4-36

图4-35 双神变佛陀立像细部,脚下出水,阿富汗国家博物馆

图4-36 双神变,克利夫兰博物馆
佛陀双肩发出长长的烟焰,身边是龙王、僧侣和贵族供养人。

君主的同类形象。所以不难推断，是佛教借用了描绘君主的手法来描绘佛陀，以展现其神圣的特质。1979年，乌兹别克斯坦的卡拉·特佩（Kara-tepe）遗址出土了带有"佛陀—玛兹达"（Buddha-Mazda）铭文的壁画。卡拉·特佩是重要的佛教遗址，地处巴克特里亚——吐火罗故地。一般认为，2—3世纪，这里是贵霜帝国的一个重要佛教中心。壁画中，佛陀结跏趺坐，结禅定印。最令人瞩目的是，佛像背光明显由发出的火焰组成。结合铭文中的"佛陀—玛兹达"字样，可以推定这是一尊佛教的佛陀和祆教的阿胡拉·玛兹达合体的佛像，或可说，是佛教吸收了祆教最高神及其拜火特征融合而成的一种艺术模式[1]。

佛陀的焰肩是否借用了贵霜君主的焰肩造型，尚无文献证据，只能做图像和逻辑上的联想。但可以肯定的是，迦腻色迦等贵霜君主双肩出火，是一种王权符号，是象征帝王权威的光芒。这种君主造型似乎后来舍弃不用，比如印度的笈多王朝就没有见到类似的君主形象。迦腻色迦的焰肩，大多数学者认为跟伊朗传统有关，体现了君主的权威和神力。与此结论相应的是，在上述迦腻色迦金币上，迦腻色迦确实手指火坛，似乎是向火坛献祭。

但故事往往还有另一面，这样画面才更完整。首先可以想到的是，这种上身出火、脚下出水的神通，在佛教传统和教义中，是否有自己的逻辑。佛陀具有十种功德，其中之一是明行具足，神通本就是佛陀的功德之一。通过展现神通摧破外道、说服信徒，是宗教历来强调的重要内容。佛陀和转轮王都具备超自然的神通，能够降伏强大的邪神和对手。佛陀具有光明的属性，正如《法句经》中将其描述为日

---

[1] Boris J. Stavisky, " 'Buddha-Mazda' from Kara-tepe in Old Termez (Uzbekistan): A Preliminary Communication", *The Journal of the International Association of Buddhist Studies*, Vol.3, No.2, 1980, pp. 89-94；M. Vaziri, *Buddhism in Iran: An Anthropological Approach to Traces and Influences*, Springer, 2012, p.22.

夜发光、摧毁黑暗的形象。在佛教典籍中，佛陀在舍卫城展现神通，其中就包括水火双神变（Yamaka-pāṭihāriya），身下出火，身上出水，或者身上出火，身下出水，最终挫败了外道的挑战，这是佛传故事中很重要的场景之一。有学者如宫治昭就认为，双肩出火这种表达方式，基本意涵很可能是佛教的火光定或火三昧。

然而，佛典最频繁提到的双神变情节是佛陀弟子迦叶展现这种神通。故事的基本情节是：佛陀让迦叶给众人展示神通，展示完毕后迦叶告诉大家，自己是佛陀的弟子，从而令众人认识到佛陀的伟大。比如《佛本行集经》描述迦叶展现神通，"身出烟焰"。更多描述广泛见于《中阿含经》《杂阿含经》等，比如前者描述迦叶展现神通："迦叶入火定已，身中便出种种火焰，青、黄、赤、白中水精色，下身出火，上身出水，上身出火，下身出水。"但是，佛陀为什么要迦叶展示神通呢？《杂阿含经》中写道，佛陀要求迦叶"弃汝先所奉，事火等众事。今可说其义，舍事火之由"。也就是说，佛陀要迦叶告诉大家，他为什么要放弃拜火，转奉佛教。

讨论到此，又不得不回到佛教早期阶段。佛陀和迦叶的关系，或许能给历史画面再增加一块拼图。有一种观点认为，迦叶最初是拜火教（祆教，琐罗亚斯德教）的教团领袖。他的教团集体加入佛教，是佛教发展过程中一个重大事件。有关佛陀收服迦叶的描述，在佛教文献中很多。比如《佛说太子瑞应本起经》，佛陀向迦叶借住"火室"（内有毒龙）一晚。佛陀进去之后，毒龙大怒，身中出烟，佛陀入禅定，也现出神通，身中出烟；龙大怒，全身出火，佛陀也身出火光。火室俱焚，最后佛陀收服火龙，将其收入佛钵。这个故事可能反映的是佛教战胜祆教的意涵。佛陀收服拜火教火龙和迦腻色迦收服迦毕试龙王，在叙事结构和内容上，都很有相似的地方。

虽不能完全认定迦叶是祆教徒，但至少可以说明，佛教在其发展过程中吸收了一些其他宗教的仪式和思想元素，这些外来元素和自身的传统，共同影响了佛教文献的叙事，也影响了佛教艺术的发展。

迦毕试地区特别热衷的题材，除了焰肩之外，还有授记，不但有燃灯佛授记、弥勒授记，还有君主的授记，比如阿育王施土姻缘，这种宗教与世俗的双重授记，体现的或许是佛陀和转轮王彼此映照的时间观念。

除了迦毕试样式，犍陀罗佛教艺术晚期在许多地方都有新的发展，呈现出地方性特色。一般认为，到了晚期，犍陀罗的石雕艺术有所衰落，材料更多地使用成本低廉的白灰泥，从雕像走向塑像，希腊—巴克特里亚"甘奇"泥塑传统获得极大的推广。风格上，迦毕试样式从写实主义走向了神秘主义，创造了肩部火焰纹和火焰纹背光；在巴米扬等地方，大型佛像的建造成为一种潮流；在哈达，佛像呈现出女性化柔美的特色；丰都基斯坦的佛像和菩萨像，则出现了珠光宝气一样的繁华装饰，呈现出极度世俗化的特征。

图4-37 人物形象，哈达出土，集美博物馆

第四章 佛像与菩萨像的兴起

在贵霜后期，4世纪末至5世纪初，甘奇雕像盛极一时。这种灰泥雕像，白色略带黄色，人物五官用淡彩。出土最多的是哈达地区，包括佛立像、佛头塑像、菩萨头像、支持三宝法轮的大地母神塑像等。哈达发现的塑像，大多保存在阿富汗的喀布尔美术馆，也有部分保存在法国集美博物馆以及日本等地。与使用片岩材料相比，灰泥佛像有自己的优势，比如艺术表现更加自由，更适合塑造大型佛像——不必局限于石料的大小。塔克西拉出土的等身佛像，大多是灰泥塑造。而且灰泥材料让佛像显得更加柔美细腻，呈现出跟大理石相近的效果，使佛陀更加慈祥温和。

哈达最为著名的雕像应是阿富汗国家博物馆藏的沉思的佛陀头像，这是一件典型的融合希腊古典风格和东方文明的杰作，使佛陀更加接近信众，符合大慈大悲的形象。和冰冷坚硬的片岩相比，甘奇泥塑技术似乎使佛陀普度众生的精神得到了更好的表现。哈达的泥塑佛像对中亚和中国新疆的佛教泥塑艺术都有很大的影响，佛像呈现出女性化和东方化的特点。

与犍陀罗高贵典雅朴素的风格相比，丰都基斯坦（Fondukistan）出土的佛像和菩萨像装饰异常豪华，呈现出极端世俗化的特征。丰都基斯坦遗址位于贝格拉姆北方的高班德河谷（Ghorband），这里受到萨珊波斯文明的影响，有学者认为，丰都基斯坦的佛教艺术是萨珊王朝艺术和佛教艺术结合的产物。根据出土的萨珊和嚈哒钱币，一般推断文明期属于7—8世纪，此时已经是犍陀罗文明的晚期。丰都基斯坦出土的土豪式珠光宝气的装饰风格，和犍陀罗传统朴素典雅的风格截然不同。比如弥勒菩萨，上袒下裙，卷曲的长发披肩，佩戴项链、璎珞、手镯、臂钏等，装饰华丽，珠光宝气。壁画里的菩萨右手持花，左臂提净瓶，头戴花鬘冠饰，身体呈三道弯式，体态灵动轻盈，带有明显的女性化倾向。丰都基斯坦的佛像服饰华丽，戴满珠宝，披肩外套上镶满宝石，和佛陀清净无欲的形象相去甚远，看上去更像一

图4-38

图4-39

图4-40

图4-38　佛陀坐像，泥塑，阿富汗国家博物馆

图4-39　佛陀坐像，泥塑，塔克西拉博物馆

图4-40　释迦菩萨壁龛，4—5世纪，哈达佛寺出土，大都会博物馆
释迦菩萨带有强烈的希腊风格，细长的眼睑，宽长的眉毛，微扬的嘴角，露出慈悲静谧的神态。

个时髦的贵族王子。这种世俗化的风格，影响到中国龟兹、敦煌的佛像和菩萨像。除了珠光宝气的世俗化装饰外，丰都基斯坦的佛陀造型，还呈现出裸体的审美倾向。中国克孜尔壁画也带有这样的风格倾向。

图4-41 佛陀像，7—8世纪，丰都基斯坦出土，集美博物馆

三　巴米扬的兴起与衰落

5—6世纪，丝绸之路从中亚前往印度的道路发生了重要的变化。一条新兴的兴都库什山西侧道路取代了之前的喀喇昆仑山路。而巴米扬，作为这条新兴交通路线上的重要节点，变得异常重要，成为新的商业和宗教中心。

巴米扬坐落在兴都库什山西侧的崇山峻岭之中，面积不大，巴米扬河在这里冲刷出一块小小的盆地。翻越崇山峻岭的商旅和僧侣们，可以在这里稍作停留，等体力恢复后再继续前行。丝绸之路为巴米扬的崛起带来了历史机遇，让这里成为巴米扬大佛和数百所佛教石窟的所在地。气势磅礴的佛教雕塑和精美的宗教壁画，让这里成为佛教艺术中心，一直到9世纪伊斯兰教徒入侵前。

在汉文史料里，唐初魏征等人编撰的《隋书·西域传》已经提到了巴米扬，将其视为丝绸之路上的一个重要国家。615年（大业十一年），巴米扬曾遣使前往隋朝朝贡。在隋朝和唐初，巴米扬在《隋书》和《新唐书》中被称为"忛延"，玄奘称之为"梵衍那"。这样一个财力、人力、物力都有限的国家，能够建造完成巴米扬大佛这样浩大的工程，很可能跟巴米扬在丝绸之路上的枢纽地位有关。贸易带来的大量财富和物资往来的便利，让修建大佛成为可能，加上僧俗虔诚供养，最终造就了这一世界奇迹。在巴米扬石窟中，发现了婆罗米文写的《妙法莲华经》片段，在东大佛的右臂上则刻写着悉达多·托利迦文写的医疗文书片段——医疗是长途商旅们需要的，或许也说明巴米扬在新交通路线上的繁荣。

626年冬天到次年春，玄奘在梵衍那逗留了很久。他很可能在当地僧众的介绍下，怀着崇敬激动的心情仰望矗立在这里的巨佛。事隔多年，玄奘在《大唐西域记》里仍然激动地回忆道："王城东北山

图4-42a

图4-42b

图4-42c

图4-42 a~m　巴米扬遗址

图4-42d

图4-42e

图4-42f

第四章 佛像与菩萨像的兴起 281

图4-42g

图4-42h

图4-42i

图4-42j

图4-42k

图4-42l

图4-42m

第四章 佛像与菩萨像的兴起　　283

图4-43 未被摧毁前的巴米扬大佛

第四章 佛像与菩萨像的兴起

阿，有立佛石像，高百四五十尺，金色晃耀，宝饰焕灿。东有伽蓝，此国先王之所建也。伽蓝东有鍮石释迦佛立像，高百余尺。分身别铸，总合成立。"这说明，在玄奘到达巴米扬之前，巴米扬大佛已经存在了。很可惜的是，后来大佛不断遭遇劫难。原先富丽堂皇的佛像，五官不见，外袍的红蓝彩绘和手面涂金也消失，四周壁画遭到无情破坏。

在巴米扬东北郊外的山崖上，遍布六千多座大小石窟。石窟内雕画着数以万计的雕塑和壁画，可能是世界上现存最大的佛教石窟群。两座巨型立佛雕像，更是闻名世界。这两座佛像，带有强烈的希腊化艺术风格，是人类艺术的瑰宝。东大像雕造于约5世纪，高53米，玄奘记载其为鍮石释迦佛立像。鍮石是一种矿石，据说不会发黑。因此用它来塑造佛像，可以显得更加庄严。东大像体态丰满，身体匀称，通肩式轻薄大衣，衣服纹路分布均匀，佛像赤足而立。西大像更早，大约1世纪建造，高38米。头、颈、四肢、躯干粗壮，通肩式大衣有多重衣纹，脸形方正，胸部挺阔，俯视众生。佛像主体是自沙岩山崖凿成，细节部位用泥草混合雕塑，加上绘画表现脸部、双手和衣袍折叠处。有学者认为，这两个大佛一个是释迦牟尼，一个是弥勒。弥勒是未来佛，代表着人们对未来美好世界的期盼。

巴米扬大佛两侧都有暗洞，高数十米，可以拾级而上。佛顶平台甚至可站立超过百人。

两尊大佛是世界上最大的雕刻立佛。5世纪前后，在犍陀罗地区，佛寺雕塑大型佛像成为传统。这些大佛像，不再只是用于装饰佛塔，而是独立成为信徒的礼拜对象。

当年大量苦行僧人居住在巴米扬的小山洞里，留下许多宗教雕像和色彩鲜艳的壁画。根据研究，巴米扬壁画的时代大约是5—9世纪。巴米扬壁画并非只有佛教的神祇，也留下其他文明和宗教的元素。比如绘制在东大像顶部的驰骋天空的太阳神，生动地诠释了巴米扬作为文明汇聚处带来的艺术融合风格。袄教太阳神密特拉，绘制在佛陀头顶的天花板上，右手持长矛，身穿带有游牧民族色彩的长大衣，端坐于太阳中间，乘坐四匹带翼天马拉的马车。胁侍者则是希腊战神雅典娜和胜利女神尼姬。其上侧是上半身为人、下半身为鸟的琐罗亚斯德神官，手持香炉和火把。在天空中，四只桓娑展翅飞翔。在桓娑两侧，则是风神的形象。一块壁画，融合了希腊、波斯、印度等多种文明元素，不同的文明元素被用来表现佛陀的伟大。

伊斯兰教徒征服巴米扬后，巴米扬大佛、石窟和壁画命途多舛。穆斯林反对偶像崇拜，所以屡屡破坏大佛。巴米扬大佛面部和双手首先遭殃，2001年，塔利班用炸药将两座大佛彻底炸毁。这是人类文明的一大浩劫。

图4-44 巴米扬千佛壁画，集美博物馆

四 犍陀罗菩萨信仰的兴起和图像制造

在贵霜时期，菩萨在佛教和政治宣传中的作用突出出来。菩萨的地位被抬高，随之而来的，菩萨像出现，成为犍陀罗佛教艺术极为重要的表现主题和描述对象。菩萨像的诞生很可能比佛像晚。在菩萨像中，作为救世主的弥勒（Maitreya）菩萨也出现了。弥勒带有强烈的政治色彩，其实就是佛教的救世主。救世主的观念几乎每个宗教都有，比如基督教里面的耶稣。在之前的佛教中，并没有弥勒这一角色，而在贵霜时代，弥勒作为将来的佛和救世主，被赋予了极端重要的地位，可以说是最重要的菩萨，弥勒和转轮王的关系也变得重要起来。带有"重生"意味的弥勒和带有"入灭"意味的涅槃，成为犍陀罗佛教艺术重点描述的对象。在犍陀罗的菩萨像中，绝大多数都是弥勒菩萨像。

那些冒着生命危险、远涉流沙到异域传法的高僧们，按照佛教教义的理解，就被称为菩萨。他们秉持的就是这种上求菩提、下化众生的精神。在丝绸之路上流动的，除了香料、贵金属、奢侈品，还有佛陀的教诲。来自犍陀罗的高僧们抱着拯救世人的理想，进入新疆、敦煌、长安、洛阳、邺城，忍受自然环境的恶劣和文化的挑战，希望能够用佛法拯救众生。贵霜人竺法护世居敦煌，他来中土的目的就是宣传佛法，"志弘大道"。时人都称他为"敦煌菩萨"，他也自称"天竺菩萨昙摩罗察"。或许这就是犍陀罗文明的核心精神和理念。

在犍陀罗美术中，有大量关于供养、持戒、智慧、解脱的主题，几乎贯穿整个犍陀罗艺术体系。佛教虽然在犍陀罗衰落下去，但在东亚却牢牢站稳了脚跟。与其有关的宗教、文化和艺术，在中华文明的核心地区包括洛阳、长安、大同、敦煌都生根发芽。佛光照耀之处，中国、日本和韩国的文明传统都发生了重要的变化，这种变化成为文

图4-45 菩萨头像,3—4世纪,大都会博物馆

图4-46 菩萨立像,拉合尔博物馆

化遗产，留存至今。

　　菩萨在早期佛教中，经常指的是还没有觉悟的释迦牟尼。在没成道之前，他是菩萨道的修行者，就是菩萨。在犍陀罗佛传故事浮雕中，在家的佛陀往往被描述为菩萨的模样。在犍陀罗艺术中，菩萨被塑造成贵霜时代印欧混血王子的形象，绾发有髭，戴敷巾冠饰，佩戴豪华的束发珠串和敷巾冠饰，胸前佩三四重绳状项饰，常有一对龙形怪兽口衔宝石，或是取材于北方中亚游牧地区。他们一般上身赤裸，展现健壮的身体，可能是对希腊罗马传来的通过骨骼和肌肉表现人体的传统的模拟。菩萨戴璎珞源于犍陀罗，璎珞也是菩萨的重要标志。释迦牟尼做太子时，就是"璎珞严身"。当他出家的时候，就把这些衣物饰品交给马夫车匿带回去。

　　弥勒菩萨是犍陀罗菩萨信仰和造像最重要的主题，在原始印度佛教中，弥勒信仰并不发达。但在犍陀罗，数以百计的弥勒造像被保存至今。一般观点认为，犍陀罗地区是弥勒信仰的中心——季羡林先生认为密教中弥勒菩萨处于西北方位，或许证明弥勒信仰跟西北印度关系密切。1980年，今斯瓦特地区（乌苌国，Udyāna）的一处佛塔遗址出土了乌苌国国王色那瓦尔摩（Senavarmā）于公元14年留下的犍陀罗语经卷，里面就提到了弥勒。

　　尽管弥勒信仰兴起的历史背景和许多细节仍然如同迷雾，但是一般推测，弥勒信仰是从犍陀罗兴起，之后沿丝绸之路从中亚进入中国，并在传播过程中发展到高潮。在中国的南北朝时期，乃至朝鲜的新罗时期，弥勒信仰不但在宗教世界变得极端重要和广为接受，而且作为政治动员的手段，在政治起伏和社会变革中扮演了重要的角色。弥勒信仰，尤其是弥勒下生信仰，在东亚历史进程中发挥了不可忽视的作用。中国的南北朝隋唐时期，下层民众在弥勒信仰和救世主观念的影响下，掀起了一次又一次的叛乱；而上层统治阶层也频繁利用弥勒下生信仰来为自己的统治寻找新的理论解释。在朝鲜的新罗时期，

图4-48

图4-47 弥勒菩萨立像，约3世纪，灰色片岩浮雕，高163.2厘米，大都会博物馆
菩萨额头饱满，鼻梁高耸，波状缕发。面容慈祥、乐观。右手持有的净瓶损毁不见。衣服褶皱立体感强。赤足。基座上是礼拜佛陀舍利或佛钵的场景。

图4-48 弥勒头部细节，约3世纪，大都会博物馆

图4-47

图4-49

图4-50

图4-51

图4-49 弥勒立像，约2世纪前半叶，高46厘米，宽17.5厘米，厚8厘米，拉合尔博物馆
立像发现于斯里巴哈劳尔大窣堵波，是深灰片岩浮雕，比较突出的特点是其波浪形的
卷发和上身赤裸的肌肉造型，很有希腊艺术的风格。

图4-50 弥勒菩萨立像，塔克西拉博物馆

图4-51 礼敬弥勒，阿富汗国家博物馆
信徒们身穿贵霜时代的服饰，手持棕榈叶和莲花。弥勒有背光，手提水瓶。

第四章 佛像与菩萨像的兴起　　293

以弥勒信仰为号召的花郎道在统一国家进程中扮演了重要角色。

弥勒作为佛教救世主以及未来佛，出现在贵霜君主迦腻色迦的钱币上。迦腻色迦钱币上的弥勒，是结跏趺坐的形象，戴有耳环、臂钏，右手施无畏印，左手持瓶，周围用希腊字母写着"Metrago Boudo"（Maitreya Buddha，即"弥勒佛"）。值得注意的是，迦腻色迦钱币上的弥勒，虽然造型是菩萨，但被称为"佛"。这反映了弥勒的双重属性，一方面他是菩萨，但另一方面他是未来佛，将在未来继承释迦牟尼的志业。

弥勒的三重身份（菩萨、未来佛、救世主），使得他在佛教宇宙观和时间观中处于非常特殊的位置。这一点反映最鲜明的图像是七佛一菩萨的构图。七佛信仰很早，在东晋僧伽提婆译《增一阿含经》、佛陀耶舍和竺法念译《长阿含经》中都有记载。《魏书·释老志》对七佛的解释为："释迦前有六佛，释迦继六佛而成道，处今贤劫。文言将来有弥勒佛，方继释迦而降世之。"弥勒信仰兴起后，在犍陀罗地区跟七佛信仰相结合，发展出了"七佛一菩萨"的构图。目前犍陀罗浮雕中发现的此类图像，大多数是立像，少数是坐像。

七佛一菩萨观念和造像传入中国，对丝绸之路沿线的佛教艺术产生深刻影响。米兰佛寺所在鄯善地区似乎流行这种造型。酒泉、吐鲁番也曾出土多件这一主题的造像，比如北凉高善穆造石塔，覆钵下部一周由七身佛陀和一身菩萨组成，和中土阴阳五行观念相匹配[1]。

---

1 殷光明《北凉石塔上的易经八卦与七佛一弥勒造像》，《敦煌研究》1997年第1期，第81-88页。

图4-52 迦腻色迦钱币，一面是结跏趺坐的弥勒形象，周围有铭文"弥勒佛"

图4-53 弥勒菩萨立像（手提水瓶），拉合尔博物馆

图4-54 弥勒菩萨头部细节，拉合尔博物馆

第四章 佛像与菩萨像的兴起

图4-55 七佛一菩萨,白沙瓦博物馆

七佛和弥勒菩萨造像都雕造在长方形片岩饰物上。七佛在右,弥勒在最左。弥勒菩萨肉髻赤足,右手上举肩侧,掌心向外,左手持"瓶"。七佛残一佛半,诸佛与弥勒皆有头光,但手势略有差异,表现的是过去七佛的含义。

五　未来佛：犍陀罗的弥勒图像

　　犍陀罗地区的弥勒造像，以形制大小可分为一般弥勒像和弥勒巨像。中国最早的弥勒造像，据《高僧传·道安传》记载，是在前秦，苻坚曾"遣使送外国金箔倚像，高七尺。又金坐像、结珠弥勒像"。但弥勒信仰源自犍陀罗，《弥勒下生成佛经》以及《弥勒大成佛经》都提到弥勒下生，世间"譬若香山"。所谓"香山"也就是犍陀罗。犍陀罗弥勒菩萨像具备了佛像的三十二相，例如头光、肉髻、白毫等，体现了弥勒既是菩萨，又是未来佛的双重属性。

　　与弥勒下生信仰紧密关联的艺术创作是建造大佛。古代印度没有制造大佛像的传统，几乎看不到高达10米的大佛造像。目前已知弥勒大佛像是在今巴基斯坦北部建造的，时代是4世纪。陀历国的弥勒佛像长八丈。弥勒诸经中提到，弥勒下生将以十六丈的姿容出现在世人面前。但在达丽罗山谷中，无法建造高达十六丈的弥勒像，所以从权减半，建造了八丈的弥勒像。从陀历往东，沿丝绸之路，可以看到很多巨大的弥勒造像：巴米扬石窟（东边是高38米的释迦牟尼像，西边是高55米的弥勒佛像）、敦煌莫高窟的北大佛（第96窟，高38米）和南大佛（第130窟，高26米）、云冈石窟的第16—20窟大佛、炳灵寺石窟大佛（第117窟，高27米）、须弥山石窟大佛（高21.5米）、乐山凌云寺大佛（高71米）等。这些大佛基本可以判定是弥勒大佛。

　　交脚弥勒在中国的魏晋南北朝时期非常流行。从考古证据看，最早的交脚弥勒像出现在犍陀罗。交脚而坐并非弥勒菩萨专属的坐姿。在巴米扬石窟有很多描绘交脚弥勒讲法的壁画，克孜尔石窟中心柱窟入口上部中央半圆形地方，常常绘制弥勒讲法图。从绘画的方位来看，这体现的很可能是弥勒在兜率天的情形。

　　关于交脚倚坐的来源，一种主流的观点认为是借用了贵霜王者的形象。季羡林先生认为，从中亚到中国新疆乃至直到内地的壁画、雕

图4-56 弥勒坐像，7—8世纪，大都会博物馆

图4-57 交脚弥勒,东京国立博物馆
围绕弥勒的是贵霜时代的贵族供养人。供养人的形象,符合人们祈祷上生兜率天听弥勒讲法的信仰。

图4-58 兜率天上的弥勒菩萨,3世纪,柏林亚洲艺术博物馆

塑中的交脚弥勒，是受到了波斯的影响，古代波斯、中亚帝王和贵族就是这种坐姿。从贵霜王朝宫殿遗址哈尔恰扬（Khalchayan）出土的王侯像，君主就是交脚而坐。从表现形式来说，犍陀罗交脚弥勒造像一般分为两种。一种是弥勒交脚倚坐华盖之下，周围环绕诸天或游牧王侯打扮的供养人，礼拜赞叹。有的是在梯形龛里结转法轮印的交脚弥勒，周围环绕诸天赞叹的场景。梯形龛象征宫殿楼阁，兜率天为欲界六天之第四重天，为弥勒菩萨成佛前的住所。起源于犍陀罗的交脚弥勒造像相对古朴简单，包括交脚倚坐的弥勒、狮子座、象征宫殿楼阁的梯形龛。

在犍陀罗浮雕中，狮子座往往用座位旁装饰狮子来表示。有学者认为，弥勒菩萨虽然未成佛，但是他具有佛格，是未来的佛，所以也可以坐在狮子座上，被视为与释迦牟尼同样尊贵。

宫治昭将犍陀罗的菩萨像分为三类：第一，束发（绾发髻），左手持瓶；第二，戴敷巾冠饰，手中不持物；第三，戴敷巾冠饰，手中持花环或者莲花。这三种菩萨的像容都是一样的。一般第一种被认为是弥勒菩萨，第二种被认为是释迦菩萨，第三种被认为是观音菩萨。尤其是在犍陀罗的佛三尊像中，第一种造型的菩萨和第三种造型的菩萨作为胁侍分别出现在释迦牟尼佛的两边。通常认为，这两尊分别是作为胁侍的弥勒菩萨和观音菩萨。

弥勒都在左手指尖（通常是第二指和第三指之间）夹提一个小容器。这个像瓶一样的容器形状不一，多数是细颈，瓶肩阔而瓶底窄的造型，也有的是圆球形的瓶腹。罗森菲尔德认为，手持装满甘露的小壶是弥勒菩萨的身份特征，弥勒的这一形象与佛教之前的夜叉信仰有关。但是大部分的学者认为，弥勒菩萨的这一造型来源于梵天。

还有人认为，弥勒所持并非水瓶，而是油膏壶。日本的印度哲学史家干泻龙祥在《弥赛亚思想与未来佛弥勒之信仰》一文中推论，犍陀罗兴起的未来佛信仰，大约在公元前1世纪末出现，很可能受到了

图4-59 弥勒立像(手持水瓶),集美博物馆

图4-60 观音,丰都基斯坦出土,集美博物馆

其他文明救世主思想的影响。这个"油膏壶"是救世主的身份象征。这个观点被上原和所发挥。上原和认为，弥勒手持的小容器，跟梵天、婆罗门手持的大圆瓶并不相同，也不具备实用功能，应是装药或者油膏的容器。而且容器周围有精细的纹样，跟犍陀罗出土的舍利容器非常相似。香油壶是弥赛亚（Messiah，也就是"救世主"）的身份标志。上原和推论，这种传统和作为救世主的弥勒之间或许也存在关联。

犍陀罗艺术后期，弥勒菩萨和观音菩萨为胁侍的佛三尊像在犍陀罗地区非常流行，留下大量艺术杰作。宫治昭认为，成佛之前是梵天和帝释天，成佛之后是弥勒和观音。大多数学者认为，弥勒和观音的角色及形象，是分别从梵天和帝释天发展来的。梵天代表的是婆罗门，关注的是精神世界的修行，是宗教的一面，是"圣者"和"行者"；帝释天代表的是刹帝利，关注的是世俗世界的权力，是世俗的一面，是"王者""武者"。婆罗门（由梵天代表）和刹帝利（由帝释天代表）共同构成了社会的基本权力结构。教权和王权、宗教和世俗、精神和物质，既对立又互相统一，组成了社会的基本架构，也是宇宙的基本秩序。

不过值得注意的是，弥勒不像梵天那样不事修饰，相反，弥勒虽然上袒下裙，但是佩戴王侯贵族装饰，一副王子的模样。相对应地，学者们通常认为，戴敷巾冠饰、持莲花或者花鬘（或许是从莲花发展而来）的观音菩萨，是从帝释天的形象发展而来。帝释天作为王者的形象，其金刚杵不知道为什么，到了观音手里，却变成了莲花和花鬘的柔和形象。从刚猛到慈悲的角色转换，至今也没法给出合理的解释。

一般的解释是从理论上推敲的，认为菩萨具有两个角色或者功能。一个是"上求菩提"，也就是勉力修行，实现自我涅槃；一个是"下化众生"，是对众生怀有慈悲之心，帮助众生实现觉悟。这也是经常所说的大乘佛教的重要思想。所以一般推论，以弥勒和观音作为

图4-61

图4-61 佛陀和弥勒、观音，2—3世纪，集美博物馆
浮雕上刻画了五个立像，中间是佛陀，肉髻圆脸，结无畏印。佛陀左边是弥勒菩萨，也如佛陀一样肉髻，右掌向外，左手持水瓶，上袒下裙。佛陀右边是观音，敷巾冠饰，右手朝外，左手掐腰。佛陀、弥勒、观音都有背光。弥勒外侧是一个贵霜贵族供养者，似乎是手持丰收的庄稼。观音外侧是一个佛教僧侣，手持棕榈叶。除贵族脚上有靴子外，其他人物都赤脚。

图4-62 交脚菩萨（手持莲花，似是观音），东京国立博物馆

图4-62

第四章 佛像与菩萨像的兴起　303

胁侍的三尊像，上求菩提的是弥勒，下化众生的是观音。

必须指出的是，虽然弥勒似乎跟梵天—婆罗门有更密切的关系，但是作为佛教的救世主，他从一开始就跟政治理想联系在一起，和佛教理想的君主转轮圣王关系密切，比起观音，反而与世俗王权的关系更为密切。相反地，观音却更贴近了日常信仰的内容，成为普通大众诉求的对象，具有了慈悲救难的特性。从集美博物馆的这块浮雕看，在弥勒身边站立的，是世俗的贵霜贵族；在观音身边站立的，却是代表佛教信仰的僧侣。弥勒和观音，作为犍陀罗佛教中胁侍佛陀的两大菩萨，他们跟世俗—宗教之间的关系，已经超出了简单的划分。

中土通常的观音菩萨，是手持净瓶的形象。但在犍陀罗，手持净瓶的是弥勒。按照主流的观点，观音是手持莲花或者花鬘——花鬘被视为莲花的替代物。除了敷巾冠饰、手持莲花或者花鬘外，冠饰上装饰化佛往往被视为判定造像是否是观音的一个关键指标。但实际上这可能并不能成为判定观音图像的依据。首先，化佛冠成为观音的特有标志，在中国历史上是隋朝以后。其次，弥勒也可以化佛，佛经屡屡提到弥勒和化佛的关系。比如《观弥勒菩萨上生兜率天经》中记载，弥勒在兜率天七宝台内摩尼殿上狮子座，忽然化生，其天宝冠有百万亿色，色中有无量百千化佛。犍陀罗地区头戴化佛冠的菩萨，很多可以判定为弥勒菩萨。

弥勒和化佛存在密切关系，也可以从中国佛教美术的情况反推。酒泉出土的北凉高善穆造石塔，其覆钵下部一周雕刻七佛一菩萨。弥勒菩萨头戴半椭圆形头冠，冠饰化佛。佛呈转法轮印，交脚坐在方座上。敦煌莫高窟北凉时期、隋代、盛唐时期的洞窟，都有弥勒头戴化佛冠的雕塑。云冈和龙门石窟中的化佛冠饰多出现在作为主尊的交脚菩萨头冠上，很可能也是弥勒菩萨。

同样地，半跏思惟菩萨也不一定就是观音。犍陀罗的半跏思惟菩萨雕像，有些也可以判定为弥勒。

在我国早期的佛教艺术中，常见到一种别具魅力的半跏思惟菩萨。这种菩萨安逸闲适、姿态优美。他坐在藤座之上，舒一腿，另外一只脚横放在垂足的大腿上，以一手支颐，做思惟状，以一指或者数指微触面颊，另一手则放置在跷起的脚上。这种特定造型的造像形式，被称为"半跏思惟像"。半跏思惟像曾经在中国南北朝时期非常盛行，传入朝鲜和日本之后，也成为当地佛教艺术的重要类型，甚至在当地历史进程中扮演了重要角色。朝鲜三国时期，对统一新罗国家帮助很大的花郎道，就将弥勒作为自己信仰的本尊，广泛制作半跏思惟弥勒菩萨像，对促进国家的统一发挥了重要作用。这说明，半跏思惟菩萨不一定是观音，弥勒菩萨也有半跏思惟造型。

这种陷入沉思冥想的菩萨造像，广泛流行于中国、朝鲜半岛和日本，但发端于犍陀罗。在印度，半跏思惟菩萨造像很少发现。在公元前后欧洲的石棺和墓碑的雕刻上，已经出现了一腿屈拢、以手支额的造像，表现人类的苦思无奈和对生离死别的痛苦，但这仅仅是从图像学的角度进行的推测。

在犍陀罗，一般认为，半跏思惟像最早是用来描述出家之前的释迦太子的。这种深陷沉思冥想的形象，非常符合苦思众生意义和解脱之道的悉达多太子。犍陀罗佛传浮雕上，树下观耕、订婚、决意出家等场景中，释迦太子都有被塑造为半跏像的。其中最突出的是树下观耕，《过去现在因果经》等佛教文献对这一场景有很多描述，大概是浮雕的文献依据。在树下观耕中，释迦太子在树下休息，看到飞鸟啄食壤虫，起慈悲心，觉得众生可愍，互相吞食，"即便思惟，离欲界爱，如是乃得，至四禅地"。

水野清一认为，释迦太子半跏思惟像依据的可能是类似《过去现在因果经》和《佛所行赞》的佛教经典，主要表现太子悲天悯人、苦思解脱之道的样子。

半跏思惟像不但出现在犍陀罗的浮雕上，也存在单体的半跏思惟

图4-63 思惟菩萨手持莲花（似是观音），3世纪，松冈美术馆

像,据统计至少有15尊。这说明在犍陀罗地区,已经形成了对半跏思惟菩萨单独的崇拜。中国现存最早有题记的半跏思惟像是442年鲍纂所刻造的石像,其题记明确提到"父母将来生弥勒佛前"。从图像和文字的证据看,半跏思惟像在东亚更多地跟弥勒菩萨联系在一起。

不论是释迦太子,还是弥勒菩萨,都有一个共同的特征:他们都是未来的佛。释迦太子也是菩萨,他修行成道之前,也是未来佛,半跏思惟是思悟解脱之道。而弥勒,如唐代高僧道宣所说,就是释迦牟尼佛的"太子",是未来的佛。所以他所处的状态,跟释迦太子所处的情况是一样的。把两者都塑造成半跏思惟的样子,展现的是一个观念,即思惟成佛。对弥勒信仰来说,只有弥勒成佛,众生才能得到解脱。正如新罗时期的花郎道,将弥勒塑造成半跏思惟的样子,正是期盼弥勒下生成佛那一刻的到来。

图4-64 菩萨残躯,3—4世纪,大都会博物馆

附录

大犍陀罗地区大事年表

公元前535年，波斯阿契美尼德王朝征服犍陀罗。

约公元前486年，佛教创始人释迦牟尼涅槃。

公元前480—前479年，波斯帝国薛西斯皇帝远征希腊的战争中，犍陀罗作为附属国出现，派兵参加薛西斯的军队，跟希腊人作战。希罗多德的《历史》中，提到波斯帝国的大流士一世在犍陀罗收税。犍陀罗和印度被严格区分，分在不同的省区，缴纳不同的税赋，而且在薛西斯的军队里，犍陀罗士兵和印度士兵也并不相同。这反映了当时的一种普遍观念。

公元前331—前327年，亚历山大大帝（前336—前323年在位）征服塔克西拉，兵锋直抵印度河。

公元前305年，塞琉古一世再次侵入印度，孔雀王朝打败希腊入侵者。塞琉古王朝在孔雀王朝的首都华氏城派有常驻使节，孔雀王朝设立一个国家部门，专管希腊人和波斯人的事务。一直到公元前195年，犍陀罗地区应该是孔雀王朝的一个行省。孔雀王朝一般是由王位继承人担任犍陀罗的总督。

公元前270年，阿育王继承王位。

公元前259—前258年，阿育王皈依佛教。

公元前257年左右，阿育王发布在今巴基斯坦马尔丹县的石敕，石敕中频繁提到当地居民希腊人和犍陀罗人，说明当时希腊人在巴克特里亚和犍陀罗地区占有较大的比例。

公元前253年，阿育王派遣以高僧末阐提为首的佛教僧团到巴克特里亚和犍陀罗地区传教，于是说一切有部在迦湿弥罗、犍陀罗地区得以日渐壮大，但不清楚其详细过程。

公元前243年，根据《历代三宝纪》的描述，沙门释利防等十八人到达秦朝传教，被秦始皇所禁。这一记载并没有任何其他文献支持。如果成立的话，这一传教僧团很可能是阿育王统治时期经巴克特里亚和犍陀罗地区进入秦朝的。

公元前232年，阿育王去世。

约公元前220年，欧西德莫斯统治时期，希腊－巴克特里亚王国曾经发动对喀什噶尔的远征。

公元前200年，佛教已开始在犍陀罗传播，但是佛像还没有出现。

公元前2世纪，佛教文本开始被制作出来。

公元前195年，希腊－巴克特里亚人征服了犍陀罗。他们在这里留下来，成为这里的主要居民。在进入犍陀罗之前，这些希腊人已经对佛陀的教诲比较熟悉。印度－希腊王国统治犍陀罗从公元前195年到公元前60年，长达135年。在这段时期，大量希腊的艺术家、建筑家、各种工匠将希腊的文化艺术传入犍陀罗地区，这些文化传统和佛教信仰相结合，发展出独特的犍陀罗文明。希腊样式的钱币被广泛使用。希腊语作为官方和国际商业的语言被使用，同时犍陀罗语兴起。希腊样式的城市建立起来。

公元前185年，孔雀王朝末帝被将领华友所杀，华友建立巽伽王朝，并和希腊－巴克特里亚王朝军事对抗。他支持婆罗门教，反对佛教。根据佛教文献记载，他迫害佛教徒，毁坏寺院。

公元前180年，希腊－巴克特里亚王国的德米特里一世侵入印度河流域，攻击巽伽王朝，将犍陀罗、旁遮普等领土都纳入统治范围。有的历史学家认为，这场战争的一个原因是德米特里一世支持佛教，对于巽伽王朝迫害佛教徒严重不满。这一年，中国西汉王朝的汉文帝即位。领土扩张到印度之后的王国往往被称为印度－希腊王国。在德米特里一世统治时期，希腊统治者开始在钱币铭文上使用希腊语和犍陀罗语双语。

约公元前170年，欧克拉提德推翻了欧西德莫斯王朝在巴克特里亚的统治，建立了自己的王朝。欧克拉提德可能是德米特里一世的一位将领，或者是塞琉古帝国的同盟者。

公元前2世纪—公元1世纪，装饰盘繁荣时期，带有强烈希腊化的艺术品和日常奢侈品大量出现。

公元前177年，匈奴击败大月氏。之后连续战败，大月氏西迁。

公元前165年，印度–希腊王国的米南德一世（米兰陀王）成为犍陀罗的统治者，一直统治到公元前130年。在他漫长的30多年统治时期，犍陀罗语逐渐成为重要的官方、宗教和日常语言。双语同时使用的情况非常普遍。米南德一世对佛教持支持态度，对文化的融合以及佛教在巴克特里亚、犍陀罗和西北印度的发展提供了重要保障。

公元前145年左右，大月氏攻占阿伊–哈努姆。

公元前138年，受汉武帝派遣，汉朝使者张骞出使大月氏。公元前128年，张骞抵达大月氏，看到大月氏"地肥沃"而"志安乐"，不想东返故地向匈奴报仇，也不想与汉朝夹击匈奴。公元前126年，张骞回到长安。之后张骞在西域所见，被记载于《史记》和《汉书》中。张骞的这次凿空之旅，在丝绸之路的历史上具有重要意义。

公元前100年前后，大月氏人渡阿姆河南进巴克特里亚地区，灭掉了在此的大夏国。

公元前1世纪中期，希腊人放弃阿伊–哈努姆古城，可能是由于遭受到游牧民族的进攻。至少在公元前130年之前，阿伊–哈努姆城作为大夏的诸小城邦之一，可能一直向北边的大月氏进贡。贡品从考古发现来看，很可能是出产于兴都库什山的银币。

公元前73年，巽伽王朝灭亡。

公元前63年，塞琉古帝国被罗马的庞培所灭。塞琉古帝国最强盛时，曾经统治巴克特里亚地区。后来后者独自建立了希腊-巴克特里亚王朝。

公元前2年（西汉哀帝元寿元年），据传，汉朝的"博士弟子景卢受大月氏王使伊存口授浮屠经"。

公元1世纪前半期，黄金之丘。

公元1世纪，开始出现跟佛教有关的雕塑。

公元65年（东汉明帝永平八年），楚王刘英"尚浮屠之仁祠"并供养"伊蒲塞（优婆塞）、桑门（沙门）"，佛教在内地正式被人们所接受并在一定范围内传播开来。

公元1—3世纪，贵霜帝国兴起，占领包括犍陀罗在内的广大地区。在迦腻色迦（约127—150年在位）时期，贵霜文明达到顶峰，为佛教的兴盛奠定了基础。大乘佛教的文献被视为佛的教导，成为佛典。在犍陀罗受到训练的佛教僧侣们，穿越流沙，将佛法传入中国。

公元45年左右，丘就却不再称翕侯，而改称"大王、王中之王"，或"最高王中之王"，贵霜王朝建立起来。一直到公元3世纪中期，犍陀罗进入黄金时期。

公元73年，班超出使西域。

公元84年之前，贵霜和康居结为姻亲关系。通过政治联姻，贵霜对葱岭以东的影响力增加。

公元80年，贵霜帝国第一代君主丘就却去世，阎膏珍即位。

公元84年，班超向贵霜派遣使者，给予贵霜大量财物珍宝。在86/87年，贵霜派遣使者向汉朝朝贡。

公元90年，阎膏珍派遣副王谢带领大军攻击班超，被班超击败。但是贵霜并没有完全放弃向葱岭以东的扩张。因为只有汉文史料的记载，不知道贵霜在这场战争之后还占据哪些地区。后来贵霜扶持臣磐登上疏勒王位，说明贵霜并没有完全退出西域。也大约在同一年，阎膏珍去世，威玛·卡德菲塞斯即位。

公元102年，班超离开经营了30多年的西域，回到洛阳。

公元106年，西域诸国反叛，攻西域都护任尚于疏勒。

公元107年，罢西域都护，汉朝将势力东撤。

公元116年前后，贵霜扶持疏勒质子臣磐返回疏勒，成为新的疏勒王。臣磐可能对佛教传入疏勒发挥了作用。从贵霜操纵臣磐做疏勒国王看，贵霜似乎在模仿汉朝在西域的政策。汉朝接收西域诸国王子做人质，由此操弄诸国的王位继承。在这之前，贵霜主要是通过跟康居、汉朝（不成功）的联姻施加对葱岭以东的影响。

公元126年，班超之子班勇再次平定西域，在127年恢复汉朝在西域诸国的权威。

公元127年（东汉顺帝永建二年），很可能在这一年迦腻色迦一世即位。西域长史班勇击降焉耆，使龟兹、疏勒、于阗、莎车等十七国内属。由这时起，直至桓帝元嘉二年（152）的二十多年间，东汉在西域恢复权威，贵霜与东汉恢复了交通，宗教传播应该在此时变得活跃。

公元147年（桓帝建和元年），来自贵霜的三藏支娄迦谶到达东汉首都洛阳，开始传教和译经。中国的佛经，最早就是从犍陀罗语翻译过来的。贵霜在其中扮演了主导性的角色。在接下来的两百年中，佛经只有两种版本，一种是犍陀罗语，一种是汉语。从史籍记载判断，中国开始翻译佛经，最晚应该在公元2世纪中前期已经开始。公元178—189年，支娄迦谶翻译出《般若道行》《般舟》《首楞严》三经。

公元2世纪，佛教寺院和佛塔等佛教建筑大量建造，跟佛教题材有关的雕塑大量出现。

公元222—253年，避难江东的贵霜高僧支谦译出《维摩》《法句》《瑞应本起》等四十九经。

公元3世纪，佛像和菩萨像大量出现，以片岩雕塑为主。

公元260年（魏甘露五年），中土第一位西行求法僧人朱士行抵达于阗，在此研习佛法，一直到80多岁死在于阗。他让弟子将大品《般若经》带回洛阳，促进了中土佛教的发展。

公元229年，贵霜国王波调（约213—237年在位）向当时的曹魏政权朝贡并接受其"亲魏大月氏王"封号。波调此次遣使中国，可能有联络中国抵抗萨珊王朝的意图。这时，贵霜与中国政府之间官方往来频繁。贵霜王朝在其统治下似乎实现了短暂的中兴。《魏略·西戎传》记载，公元3世纪早期，"罽宾国（犍陀罗）、大夏国（巴克特里亚）、高附国（今喀布尔）、天竺国，皆并属大月氏"。

公元3世纪后半期，著名高僧竺法护越过葱岭，在贵霜帝国游历，很可能重点地区是犍陀罗及其附近地区。

公元3—5世纪，犍陀罗文明继续繁荣。犍陀罗佛教雕塑主要在这段时间被制造出来。

公元4—5世纪，佛陀像趋向复杂，去人文主义色彩、以神秘主义为特点的迦毕试佛像兴盛。佛教雕塑出现纪念碑性的倾向。

公元5世纪初，嚈哒人渡过阿姆河进入巴克特里亚，5世纪30年代，嚈哒人南下吐火罗斯坦，公元5世纪70年代末，贵霜残余势力最终被嚈哒所灭，贵霜帝国终结。嚈哒人攻占犍陀罗。犍陀罗佛教衰落，带来犍陀罗佛教艺术的衰落。

公元520年，宋云到达犍陀罗。

公元543年，《洛阳伽蓝记》撰成。

公元6世纪中期，弗楼沙僧人阇那崛多及其同伴外出传法，先到迦毕试，稍后进入塔里木盆地和中土，经历北周灭佛，辗转到达隋朝的长安城，在隋文帝支持下开始译经。

公元630年，西行求法高僧玄奘抵达犍陀罗，参观了迦腻色迦建造的雀离浮图。

公元4—8世纪，商路变迁，带来巴克特里亚和阿富汗地区的繁荣，佛教艺术中心也转向这里，巴米扬兴起。

公元550—600年，巴米扬大佛建造。

公元655年，伊斯兰势力攻击喀布尔。

公元8—9世纪，随着伊斯兰势力入侵，大犍陀罗地区佛教衰落，犍陀罗艺术凋零。

公元1756年，欧洲人第一次接触到贵霜的概念，是从中文材料《汉书》中得到信息的，但是并没有把汉文史料中的"贵霜"和西方古典时代的记载进行比对。

公元1825—1845年，有关贵霜的发现取得了长足的进展。主要原因，首先是英国和法国在阿富汗和旁遮普的扩张，引发了对古代亚历山大大帝远征的兴趣；其次是欧洲学者对印度古代文明的兴趣，尤其是以印度和加尔各答为基地的英国学者们；最后是当时充分认识到钱币保存了丰富的历史信息，对亚历山大、印度古代文明和钱币的追寻，带来了有关贵霜知识的增加。

公元1833—1834年，杰拉德在今天阿富汗喀布尔河畔附近考古，发掘出一块刻有佛陀禅定的圆形石雕，可谓近代犍陀罗佛教艺术研究的开端。从19世纪中期到20世纪中期，大量犍陀罗文物出土，伴随着丰富的考古报告，揭开了辉煌的犍陀罗文明的神秘面纱。

公元1861年，英国考古学家康宁汉提议设立印度考古局，并任首任局长。沿着玄奘的脚步，康宁汉把北印度的佛教遗址作为考古重点，也为犍陀罗考古作出了重要贡献。此后一直到1947年，印度考古局都将犍陀罗考古作为自己的重要工作内容之一。约翰·马歇尔等人都对犍陀罗的研究作出了自己的贡献。

公元1908—1911年，雀离浮图挖掘。

参考文献

1. 佛教文献

帛尸梨蜜多罗译《佛说灌顶冢墓因缘四方神咒经》，《大正藏》第21册。

道宣撰《广弘明集》，《大正藏》第52册。

道宣撰《释迦氏谱》，《大正藏》第50册。

费长房撰《历代三宝记》，《大正藏》第49册。

佛陀耶舍、竺佛念译《佛说长阿含经》，《大正藏》第1册。

慧立本撰，释彦悰笺《大唐大慈恩寺三藏法师传》，《大正藏》第50册。

慧琳撰《一切经音义》，《大正藏》第54册。

吉迦夜共昙曜译《杂宝藏经》，《大正藏》第4册。

鸠摩罗什译《龙树菩萨传》，《大正藏》第50册。

鸠摩罗什译《马鸣菩萨传》，《大正藏》第50册。

鸠摩罗什译《大智度初品中》，《大正藏》第25册。

鸠摩罗什译《佛说弥勒大成佛经》，《大正藏》第14册。

鸠摩罗什译《佛说弥勒下生成佛经》，《大正藏》第14册。

马鸣菩萨造，昙无谶译《佛所行赞》，《大正藏》第4册。

那连提黎耶舍译《佛说德护长者经》，《大正藏》第14册。

菩提留支译《大萨遮尼乾子所说经》，《大正藏》第9册。

瞿昙僧伽提婆译《中阿含经》，《大正藏》第1册。

释宝云译《佛本行经》，《大正藏》第4册。

释道世撰《法苑珠林》，《大正藏》第53册。

释法显自记《高僧法显传》，《大正藏》第51册。

释慧皎撰《高僧传》，《大正藏》第50册。

实叉难陀译《大方广佛华严经》，《大正藏》第10册。

玄奘撰《大唐西域记》，《大正藏》第51册。

义净撰，王邦维校注《南海寄归内法传校注》，北京：中华书局，1995年；又《大正藏》第54册。

支谦译《佛说申日经》，《大正藏》第14册。

支谦译《佛说太子瑞应本起经》，《大正藏》第3册。

竺法护译《佛说弥勒下生经》，《大正藏》第14册。

2. 世俗文献

司马迁撰《史记》，北京：中华书局，1959年。
班固撰，颜师古注《汉书》，北京：中华书局，1962年。
范晔撰《后汉书》，北京：中华书局，1965年。
姚思廉撰《梁书》，北京：中华书局，1973年。
李百药撰《北齐书》，北京：中华书局，1972年。
李延寿撰《北史》，北京：中华书局，1974年。
段成式撰《酉阳杂俎》，北京：中华书局，1981年。
王钦若等编，周勋初等校订《册府元龟》，南京：凤凰出版社，2006年。

3. 前人研究

(1) 中文和日文

[古希腊]阿里安著，李活译《亚历山大远征记》，北京：商务印书馆，1979年。
蔡枫《犍陀罗雕刻艺术与民间文学关系例考》，北京大学外国语学院南亚学系2012年博士学位论文。
晁华山《佛陀之光：印度与中亚佛教胜迹》，北京：文物出版社，2001年。
丁文光编著《犍陀罗式雕刻艺术》，北京：人民美术出版社，1959年。
[日]肥塚隆《美术所见释迦牟尼的生涯》（美術に見る釈尊の生涯），东京：平凡社，1979年。
[日]高田修《佛像起源》(仏像の起源)，东京：岩波书店，1967年。
[日]宫治昭著，李萍译《犍陀罗美术寻踪》，北京：人民美术出版社，2007年。
[日]宫治昭著，李萍、张清涛译《涅槃和弥勒的图像学——从印度到中亚》，北京：文物出版社，2009年。
古正美《贵霜佛教政治传统与大乘佛教》，台北：晨允文化出版公司，1993年。
季羡林《季羡林全集》，北京：外语教学与研究出版社，2009—2010年。
金申《佛教美术丛考》，北京：科学出版社，2004年。

金申《印度及犍陀罗佛像艺术精品图集》，北京：中国工人出版社，1997年。

李静杰《佛钵信仰与传法思想及其图像》，《敦煌研究》2011年第2期，第41—52页。

李翎《从犍陀罗开始：诃利谛的信仰与造像》，《敦煌学辑刊》2014年第2期，第102—110页。

[日]栗田功《犍陀罗美术1·佛传》(ガンダーラ美術Ⅰ·仏伝)，东京：二玄社，1988年。

[日]栗田功《犍陀罗美术2·佛陀的世界》(ガンダーラ美術Ⅱ·仏陀の世界)，东京：二玄社，1990年。

林梅村《西域文明：考古、民族、语言和宗教新论》，北京：中国铁道出版社，1995年。

林梅村《汉唐西域与中国文明》，北京：文物出版社，1998年。

刘欣如《贵霜时期东渐佛教的特色》，《南亚研究》1993年第3期，第40—47页。

栾睿《从克孜尔207窟壁画谈佛教对拜火教的融摄》，《西域研究》2007年第3期，第73—76页。

罗帅《贵霜帝国的贸易扩张及其三系国际贸易网络》，《北京大学学报（哲学社会科学版）》2016年第1期，第115—123页。

[巴基斯坦]穆罕默德·瓦利乌拉·汗著，陆水林译：《犍陀罗：来自巴基斯坦的佛教文明》，北京：五洲传播出版社，2009年。

[日]桑山正进《迦毕试·犍陀罗史研究》(カーピシー·ガンダーラ史研究)，京都：京都大学人文科学研究所，1990年。

[日]桑山正进《巴米扬大佛与中印交通路线的变迁》，《敦煌学辑刊》1991年第1期，第83—93页。

[日]上原和著，蔡伟堂译《犍陀罗弥勒菩萨像的几个问题》，《敦煌研究》1994年第3期，第62—70页。

[英]斯坦因著，向达译《斯坦因西域考古记》，北京：中华书局，1987年。

宿白《中国石窟寺研究》，北京：文物出版社，1996年。

汤用彤《汉魏两晋南北朝佛教史》，武汉：武汉大学出版社，2008年。

汤用彤《隋唐佛教史稿》，武汉：武汉大学出版社，2008年。

[日]樋口隆康《巴米扬石窟》(バーミヤーンの石窟),京都:同朋舍,1970年。

王邦维选译《佛经故事》,北京:中华书局,2009年。

王镛《印度美术》,北京:中国人民大学出版社,2004年。

[日]小野玄妙《犍陀罗佛教美术》(健駄邏の仏教美術),京都:丙午出版社,1923年。

薛克翘《印度民间文学》,银川:宁夏人民出版社,2008年。

杨巨平《远东希腊化文明的文化遗产及其历史定位》,《历史研究》2016年第5期,第127—143页。

[美]H.因伐尔特著,李铁译《犍陀罗艺术》,上海:上海人民美术出版社,1991年。

[日]羽溪了谛著,贺昌群译《西域之佛教》,北京:商务印书馆,1956年。

[英]约翰·马歇尔著,王冀青译《犍陀罗佛教艺术》,兰州:甘肃教育出版社,1989年。

[英]约翰·马歇尔著,许建英译《犍陀罗佛教艺术》,乌鲁木齐:新疆美术摄影出版社,1999年。

[英]约翰·马歇尔著,秦立彦译《塔克西拉》,昆明:云南人民出版社,2002年。

章巽撰,芮传明编《古代中外交通研究》,见《复旦百年经典》系列之《章巽集》,上海:复旦大学出版社,2015年。

(2) 西文

Ackermann, Hans Christoph. *Narrative Stone Reliefs from Gandhāra in the Victoria and Albert Museum in London: Catalogue and Attempt at a Stylistic History,* Rome: ISMEO, 1975.

Alam, Humera. *Gandhāra Sculptures in Lahore Museum,* Lahore: Lahore Museum, 1998.

Ali, Ihsan and Qazi, M. Naeem. *Gandhāran Sculptures in the Peshawar Museum (Life Story of Buddha),* Pakistan: Hazara University Mansehra NWFP, 2008.

Asia Society Museum, *The Buddhist Heritage of Pakistan: Art of Gandhara.* New York: Asia Society, 2011.

Behrendt, Kurt A. *The Art of Gandhāra in the Metropolitan Museum of Art,* New York: Metropolitan Museum of Art, 2007.

Behrendt, Kurt A. *The Buddhist Architecture of Gandhāra,* Leiden: Brill, 2004.

Bhattacharyya, D. C. *Gandhāra Sculpture in the Government Museum and Art Gallery, Chandigarh,* Chandigarh: Government Museum and Art Gallery, Chandigarh, 2002.

Brancaccio, Pia and Behrendt, Kurt. ed., *Gandhāran Buddhism: Archaeology, Art, Texts,* Vancouver: University of British Columbia Press, 2006.

Brancaccio, Pia and Xinru Liu, "Dionysus and drama in the Buddhist art of Gandhara", *Journal of Global History,* Volume 4, Issue 2, July 2009, pp. 219-244.

Czuma, Stanislaw J. *Kushan Sculpture: Images from Early India,* Cleveland: The Cleveland Museum of Art, 1985.

Dani, Ahmad Hasan. *The Historic City of Taxila,* Tokyo: Centre for East Asian Cultural Studies, 1986.

Decaroli, Robert. *Haunting the Buddha: Indian Popular Religions and the Formation of Buddhism,* Oxford: Oxford University Press, 2004.

Dept. of Archaeology and Museums, Ministry of Education, *Gandhāra Sculpture in the National Museum of Pakistan,* Karachi, 1964.

Dept. of Archaeology and Museums, Ministry of Education, *Gandhāra Stone Sculptures in the Taxila Mueseum,* Taxila: Taxila Museum, 2005.

Foucher, Alfred. *L'art Gréco-Bouddhique du Gandhâra,* Paris: Imprimerie Nationale, 1905-51.

Foucher, Alfred. *The Beginnings of Buddhist Art and Other Essays in Indian and Central-Asian Archaeology,* translated by L. A. Thomas and F. W. Thomas, London: Humphrey Milford, 1917.

Francfort, Henri-Paul. *Les Palettes du Gandhāra,* Paris: Diffusion de Boccard, 1979.

Goswami, Jaya. *Cultural History of Ancient India: A Socio-Economic and Religio-Cultural Survey of Kapiśa and Gandhāra,* Delhi: Agam Kala Prakashan, 1979.

Haleade, Madeleine. *Gandhāran Art of North in India and the Graeco-Buddhist Tradition In India,* Persia, and Central Asia, New York: H. N. Abrams, 1968.

Hargreaves, H. "Excavation at Takht-i Bahi", in J.P.H. Vogel (ed.). *Archaeological Survey of India, Annual Report,* 1910-11(repr. 1990). Delhi.

Hiebert, Friedrik and Cambon, Pierre. *Afghanistan: Hidden Treasures from the National Museum, Kabul,* National Geographic, Washington, D.C., 2008.

Huntington, J.C. "The Iconography and Iconology of Maitreya Images in Gandhara", *Journal of Central Asia,* Vol. VII, pp. 133-178.

Jongeward, David. *Buddhist Art of Pakistan and Afghanistan: The Royal Ontario Museum Collection of Gandhāra Sculpture,* Toronto: University of Toronto, Centre for South Asian Studies, 2003.

Joshi, N. P. and R .C. Sharma, eds. *Catalogue of Gandhāra Sculptures in the State Museum,* Lucknow: The Archana Printing Press, 1969.

Khan, M. Ashraf. *Gandhāra Sculptures in the Swat Museum,* Saidu Sharif: Archaeological Museum, 1993.

Khan, M. Bahadar. *Gandhāra Stone Sculptuers in Taxila Muesum,* Lahore: The Pioneers Publishers, 1994.

Khan, M. Nasim. *Buddhist Paintings in Gandhāra,* Peshawar: M. Nasim

Khan, 2000.

Koul Deambi, B. K. *History and Culture of Ancient Gandhāra and Western Himalayas,* New Delhi: Ariana Publishing House, 1985.

Kuwayama Shoshin, *Across the Hindukush of the First Millenium: A Collection Papaers by S. Kuwayama,* Institute for Research in Humanities, Kyoto University, 2002.

Ingholt, Harald. *Gandhāran Art in Pakistan,* New York: Pantheon Books, 1957.

Liu Xinru. *Ancient India and Ancient China: Trade and Religious Exchanges, AD 1–600,* Delhi: Oxford University Press, 1988.

Majumdar, N. G. *A Guide to the Sculptures in the Indian Museum,* Part II,"The Graeco-Buddhist School of Gandhāra", Patna: Eastern Book House, 1937.

Marshall, J. H. "Jamal Garhi", in *Archaeological Survey of India, Annual Report,* 1921-22 (repr. 1990). Delhi.

Marshall, J.H. "Takht-i Bahi", in H. Hargreaves (ed.), *Archaeological Survey of India, Annual Report,* 1928-1929 (repr. 1990). Delhi.

Marshall, J. H. *The Buddhist Art of Gandhara: the Story of the Early School, its Birth, Growth and Decline,* Cambridge: Cambridge University press, 1960.

Marshall, John. *Taxila: An Illustrated Account of Archaeological Excavations Carried out at Taxila under the Orders of the Government of India between the Years 1913 and 1934,* 3Vols, Cambridge: Cambridge University Press, 1951.

McGoven, William Montgomery. *The Early Empires of Central Asia: A Study of the Scythians and the Huns and the Part they Played in World History, With Special References in the Chinese Sources,* University of North Carolina Press, 1939.

Murthy, Krishna. *The Gandhara Sculptures: A Cultural Survey,* Delhi, 1977.

Nagar, Shanti Lal. *Buddha in Gandhāra Art and Other Buddhist Sites*, Delhi: Buddhist World Press, 2010.

Nehru, Lolita. *Origins of the Gandharan Style: A Study of Contributory Influences*, Delhi, 1989.

Rahman, Dar Saifur. "Toilet Trays from Gandhāra and Beginning of Hellenism in Pakistan", *Journal of Central Asia,* Vol. 2, No. 2, 1979, pp. 141-184.

Rhi Ju-hyung. "Gandhāran Images of the Śravastī Miracle: An Iconographic Reassessment", Ph. D Thesis, Ann Arbor, Mich.: UMI, 1994.

Rosenfield, John M. *The Dynastic Arts of The Kushans,* Berkeley and Los Angeles, University of California Press, 1967.

Rowland, Benjamin. *Gandhara Sculpture from Pakistan Museum,* New York, 1960.

Salomon, Richard. *Ancient Buddhist Scrolls from Gandhāra: The British Library Kharosṭhī Fragments Gandharan Buddhist Texts,* Seattle/London: University of Washington Press/British Library, 1999.

Samad, Rafi U. *The Grandeur of Gandhara: The Ancient Buddhist Civilization of the Swat, Peshawar, Kabul, and Indus Valleys,* Algora Publishing, 2011.

Sehrai, Fidaullah. *The Buddha Story in the Peshawar Museum,* Peshawar: Peshawar Museum, 1985.

Senart, Émile. *Essai sur la légende du Buddha, son caractère et sesorigines,* Imprimerie Nationale, Paris, 1875.

Sengupta, Anasua and Dibakar Das. *Gandhāra Holding in the Indian Museum: a Handlist,* Calcutta: Indian Museum, 1991.

Shinohara Koichi. "The Story of the Buddha's Begging Bowl: Imaging a Biography and Sacred Places", In *Pilgrims, Patrons, and Place: Localizing*

Sanctity in Asian Religions. Vancouver: University of British Columbia Press, 2003, pp.67-107.

Sponberg, Alan. *Maitreya, The Future Buddha,* Cambridge University Press, 1988.

Spooner, D. B. *Handbook to the Sculptures in the Peshawar Museum,* Bombay, 1910.

Tarn, W. W. *The Greeks in Bactria and India,* Chicago: Ares, 1984.

van Lohuizen-de Leeuw, J. E. "New Evidence with Regard to the Origin of the Buddha Image", H. Hartel ed. *South Asian Archaeology* 1979, Berlin: Dietrich Reimer Verlag, 1981, pp. 377-400.

Wenzel, Marian. *Echoes of Alexander the Great: silk route portraits from Gandhara: a private collection,* Art Media Resources Ltd., 2000.

Zwalf, W. *A Catalogue of the Sculpture in the British Museum,* London: British Museum Press, 1996.